GOBOOKS
& SITAK
GROUP©

New window 新視野239

深度精力管理

33 個超實用技巧，把精力用在刀口上，完成更多目標

李夢媛 著

高寶書版集團

　　管理好你的精力，就是為自己賦能。當你把精力聚焦，你會被自己的才華嚇到。

　　所以，你要學會簡化生活，將時間和精力用在「刀口」上。

　　你要學會拒絕那些你既不喜歡又不必要的小事情；學會跟糟糕的過去告別，而不是沉溺於已經發生的錯誤和失敗；學會向前看，並隨手關上身後的門，而不是讓過去的壞情緒影響到今天的你；學會劃清與他人的邊界，並聚焦於你自己的事情，因為插手太多就是越界，管得太寬就是自找麻煩。

　　真正的精力管理就是有選擇地對這個世界發力，並聚焦在某個部分。你能把一件事情做到極致，勝過平庸地做一百件事。

　　所以，想要打破職場天花板成功晉升，就必須擁有絕對優勢；想要做點大事，就必須找到那施力點深耕細作；想要脫穎而出，你就必須有一樣出眾的本事。如果你不能在某個領域出類拔萃，那麼你引人注目的機會微乎其微。

　　讓人自卑的，從來都不是短處太短了，而是因為長處不夠長。

　　這本書將為你提供一套發現並強化自身優勢的方法，教你做一個從早上六點就和別人拉開距離的人。它從情緒管理、目標設定、生活習慣等幾個方面來介紹如何分配精力、如何提升專注力。

　　告訴你：為什麼要管理精力？如何管理精力？怎樣判斷手頭的事情是否值得付出精力？如何徹底剔除讓你分心、影響你專注度的不利因素？怎樣區分當下目標和遠大目標？如何透過實現當下目標來一步步實現遠大目標？怎樣輕鬆應對紛繁複雜的工作？最終實現跳躍式晉升。

　　你跨越的高牆，會變成你的盾牌；你普通的改變，能改變你的普通。

　　脫穎而出的道路非常難走，願你聚精會神，乘風破浪。

目 錄
CONTENTS

目　錄
CONTENTS

第一章
做正確的事比正確地做事更重要

因此，當你決定專注於一件事時，不妨先問問自己，這件事究竟值不值得你花費精力？

不值得定律從心理學的角度來說，一個人如果做的是一份自認為不值得的事情，往往會持冷嘲熱諷、敷衍了事的態度，就算成功了，也不會有太大的成就感。用最直觀的表述來說，不值得做的事情，就不值得做好。

當你無法專注於一件事時，你可能是在猶豫這件事到底值不值得去做，當發現這件事不值得做之後，你的精力將會分散，你也很難再將事情做好，這就是不值得定律的核心。

當在做不值得的事情時，你的精力會大打折扣，一些負面情緒也會隨之湧現。

第一，做不值得的事情時會導致事情拖延。

小雅在完成工作報告時，總是一再拖延。她並不是沒有時間去完成，而是只要一打開電腦準備寫報告時，就會不自覺地神遊天際，等到幾個小時之後，面前仍是只有寥寥幾字的檔案。

有研究指出，拖延症源自於內心的抗拒，在做不值得的事情時內心就會產生抗拒感，也就會一而再再而三地導致事

情拖延。

第二，做不值得的事情時容易受環境干擾。

當小雅在製作動畫時，哪怕是在鬧哄哄的咖啡館也會全神貫注。但是當她在應付手頭的其他工作時，哪怕是在安靜的辦公室，她也能感覺到周圍小到可以忽略不計的噪音，只要手機一閃，她就會迫不及待地去查看。

做不值得的事情時，環境的干擾會讓內心的焦慮感或外界的噪音在大腦中成倍放大，它會將專注力排擠出你的大腦。最終，別人可以全神貫注，你卻被微小的干擾亂了心神。

第三，做不值得的事情時會喪失目標。

做不值得的事情時會導致人沒有方向，不知道自己為什麼要這樣做，也不知道這樣做的目的，就像小雅，她不知道自己在辦公室工作的意義何在，從而喪失了對未來的追求。

那什麼是值得的事情？什麼需要我們投入精力？每個人都有不同的看法，根據大數據的研究，可以大致分為四種，這四種情況均有大量的案例支撐，以下是這四種情況的具體

分析：

　　第一種，自己認為值得，但是周圍環境還沒有達到這樣的要求，當遇到這種情況時請暫時減少你的專注力。

　　小雅在換工作之前，父母曾嚴厲地告誡她，只有在她有足夠的資金能支撐她的生活時，她才可以換工作。因為在換工作之前的一段時間裡，她將沒有任何收入來源。那段時間的小雅收了心，沒有再沉迷於製作動畫，而是認真出色地完成工作，甚至還因此得到了老闆的表揚，並拿到了當年的年終獎金。直到她存夠了資金後，才向公司提出了辭職申請。

　　「製作動畫」是小雅覺得值得的事，但是環境還沒有達到這樣的要求（因為沒有錢），所以她暫時減少了自己對動畫的專注度，選擇去努力工作，而這些都是為了以後能夠更專注地去「製作動畫」這件事。

　　其實，在日常生活中這樣的例子有很多。比如說，你想要學會游泳，可是年末公司任務繁多，無法抽身；老闆讓你去負責一個專案，但是你需要一場旅行來放鬆自己。學會一門一技之長固然是好事，但是年末工作繁忙，所以這個時候不妨將學游泳的計畫推遲到較為寬鬆的時間，不要因為它而分散自己的注意力；而旅行固然能使人身心愉悅，但若是因

　　此而失去了一個工作機會，難免會讓自己心有不甘，所以不妨在工作完成後，有這樣的條件時再實施旅行計畫。

　　學游泳和旅行都是自己認為值得，但是周圍環境還不允許（暫時沒有時間）的情況，這時就需要暫時減少自己的專注力，不要因此而分心，待到環境合適時再繼續未嘗不可，最關鍵的是根據實際情況來做出選擇，是進是退並沒有涇渭分明的標準，你需要從優打算。

　　第二種，自己認為值得，而從長遠來看也是值得的，當遇到這種情況時請充分使用你的專注力。

　　馬雲是個成功的企業家，他創建了全球最大的電商企業網站。而在創建最初，他也曾遭受過別人的嘲諷，他們都說在中國從未有過這樣的企業誕生，與其最後失敗一窮二白，還不如繼續當老師。

　　馬雲卻認為創建一個電商企業網站是十分值得的事情，從長遠來看，這對中國的發展十分有利，所以他義無反顧地投入自己的精力，最終阿里巴巴大獲成功的事實證明，他的選擇是正確的。

　　從他的經歷中，我們可以看出一件事情，即如果自己認為值得，且從長遠來看這件事也是值得做的，那麼即使前面

困難重重，也要充分使用自己的專注力去努力做。

　　就像是電影《當幸福來敲門》（ *The Pursuit of Happyness* ）中的克里斯・賈納（Chris Gardner）一樣，當上股票經紀人是他認為值得的事，只有當上股票經紀人，他與兒子以後的生活才能有保障，為此他在廉價旅館、公園、火車站廁所、辦公室桌底都專注地學習，最後才獲得了成功。

　　第三種，自己認為不值得，當下的社會環境也覺得不值得，當遇到這種情況時請立即改變你的專注方向。

　　我的一個同事最近整日無精打采，有一次我看他垂頭喪氣地從主管辦公室出來，一臉萎靡，於是上前問了原因，他猶豫了片刻才回道，他過於沉迷手機上風靡全球的短影音、小遊戲，還有一些沒營養的頭條新聞，導致工作頻頻出錯，主管忍不住對他發火，告誡他要收收心。他也知道這樣不好，但就是控制不住自己。

　　不知道你可曾遇到過像他這種情況？你是否也經常猶豫要不要拿起手機，一方面抗拒著沉迷其中，一方面又不由自主，以致時常感覺頭昏眼花，疲憊異常，無法再專注其他的事情？

　　遇到這種讓你的身心受到損害，正常生活與工作也都受

到影響的情況，請立即改變你的專注方向。

　　第四種，自己認為值得，當下的社會環境也覺得值得，當遇到這種情況時請將它視為專注的焦點。

　　只有那些符合我們的價值觀與奮鬥目標，以及符合當下社會環境和大眾價值觀的事情，才是值得我們滿懷熱情去做的事情。

　　比如，當你在出色地完成一項工作時，你會從中收穫付出得到回報的滿足感、升職加薪的成就感，因此你會更有動力地去完成你的工作。「這次你的工作完成得不錯」、「你很出色」等這些來自上司和同事的讚美與欣賞也會激勵你不斷前進。

　　人的專注力需要聚焦，集中於一點才能發揮更大功效，專注於最有價值的事情，才能減少專注力的浪費。

　　專注力究竟是暫緩、繼續、停止還是聚焦，需要根據自己與社會環境來選擇，並且要根據「不值得定律」學會取捨。

02/

剪除任務中多餘的枝椏

做一件事情的注意力集中程度，在很大程度上決定了做這件事情的效率和成功的機率。我們以為與別人用同樣的時間做同樣的工作，就能與別人有相同的工作成果，殊不知工作時不同的專注力已經拉開了彼此的距離。

文學家黃庭堅說過「用心欲專不欲雜」，講的就是做一件事，要把心放在一處，僅專注於這件事。關注的事情紛繁複雜會影響做事的效率，雜念越多，放在重要事情上的精力就越少，相比於專心致志投入工作的人，效率自然不同。

我經常遇到這樣的情況：當我找到值得做的事情時，卻發現精力不能完全集中於這件事情上。比如，當我要寫一份報告時，卻發現找不到合適的時間，即使找到了合適的時

間，也不能將時間物盡其用。有時我會因為手機上突然收到的訊息而瞬間分心，忘記腦海中好不容易構思好的內容。

工作的時候經常如此，時間的安排、其他因素的干擾、目標不夠明確等，都會打斷我的注意力。我的很多朋友也有相同的困擾，我們曾在一起討論過，最後達成了一個共識——只有排除專注力焦點外的干擾，效率才能大幅提升。

用一個具體一點的比喻就是，如果你需要修剪一盆盆栽，你首先會將多餘的枝椏剪掉，留下最值得觀賞的部分，再細細打磨這最值得觀賞的部分，這「最值得觀賞的部分」就是焦點，而「多餘的枝椏」就是干擾因素。那麼重點來了，你得知道什麼是「多餘的枝椏」，如果一不小心將「最值得觀賞的部分」剪除，這盆盆栽的價值就會大打折扣。

大部分人都認同這個準則，影響一盆盆栽美觀健康的枝椏是不需要的，也就是說，焦點之外的干擾因素是需要排除的，那這些多餘的枝椏究竟是什麼？

根據研究表明，干擾因素可以大致分為以下幾種：

（1）不合理的時間安排

我的朋友夏宇經常向我抱怨，在他自己想要完成一個任

務時，時間總是不夠用。夏宇是自媒體從業者，工作地點隨意，工作時間自由，任何時間都可以工作，所以我很好奇他為什麼會有時間不夠用的情況。於是，在我的再三追問下，他不好意思地告訴我，他仗著時間充裕，便「三天打魚，兩天晒網」。

本來一上午就可以寫完的文章，他總是花費一天甚至幾天的時間，期間的大把時間他都白白浪費在其他事情上。

「三天打魚，兩天晒網」意味著他的思緒不集中，若是無法集中注意力，那麼即使有再多的時間也不夠用就可以理解了。當然，若是時間安排不合理，再強大的專注力也會慢慢消失。

我們可以粗略地套用一個公式：專注度＝任務的完成度／任務所花的時間。如果一群人完成相同的任務，任務的完成度越高，任務所花的時間越少，這個人的專注度越高；相反地，任務完成度越低，任務所花的時間越多，這個人的專注度越低。

例如，在正常情況下，寫一份工作總結只需要一個小時，而你卻花了三個小時，那麼在這三個小時中，只有一個小時是有效時間，其他時間都是無效時間，所以根據公式可

知，你的專注度已經大打折扣。雖然你也將工作完成了，但是你的任務完成度卻很低，專注度同樣也很低。

（2）環境干擾

環境干擾分為內在環境干擾和外在環境干擾。

內在環境干擾通常指的是內心的煩悶焦慮，以及長時間工作下精神無法集中，總是胡思亂想，對自己做不到信任等。

大部分人都深有體會，當你安靜地坐在一個地方時，內心可能會開始不斷播放一首歌或一部電影，大腦不斷地滾動著以前的記憶，此時你根本無法靜下心來處理事情。

外在環境干擾通常指雜訊干擾，周圍出現的其他吸引人的事物，如美食、電子產品等，以及父母師長的態度、朋友的態度都會帶給你不小的影響。

當你準備專心致志地去讀一本書、編寫一套程式或做一份總結報告時，你的朋友突然打電話約你去看一場電影，或是鄰居家裝修，你的注意力通常就是這樣被毫無預兆地打斷的，這時候你應該何去何從？

就拿鋼琴家郎朗舉例，他曾就讀於美國寇蒂斯音樂學

院，也是著名鋼琴家格拉夫曼（Gary Graffman）的學生，在鋼琴上的成績斐然。他彈鋼琴時經常會進入忘我的境界，據他回憶，他小時候彈鋼琴時並沒有太適合的環境，樓上樓下經常會有一些不可避免的雜訊，可是郎朗卻說，在他彈鋼琴時，他的眼中只有鋼琴，那些內在干擾和外在干擾都被他忽略了。

　　暢銷書《躍遷》的作者古典說：「上天給了你無限的機會，卻只給你有限的時間、精力和才華，所以越是優秀，越要專注。」試想，如果郎朗輕易被環境干擾，他還會成為這樣一個優秀的鋼琴家嗎？

　　環境干擾是專注力的「攔路虎」，只有排除環境干擾，專注力才能更好地聚焦。

（3）缺乏目標

　　目標相當於指路牌，具有方向性，缺乏目標就會喪失對前方的認知。目標分為遠大目標和當下目標。遠大目標可能是對自己整個人生的規劃，長則一生，短則幾年，當下目標則是馬上要去做的事情。

　　美國專欄作家威廉‧柯貝特（William Cobbett）曾說過，我們的目光不可能一下子投入數十年之後，我們的手也不可能一下子就觸摸到數十年之後的那個目標。

　　他年輕時一心想要創作出鴻篇巨制，可是一直沒有成果，他的朋友在了解到他的苦惱之後，對他提議道：「晚上一起走路去朋友家。」但威廉‧柯貝特不願意前往，因為朋友家很遠。朋友見他退縮，便說道：「我們只需要向前走走就可以了。」結果二人走到了前面的圖書館，又邊聊邊走到了射箭館，最後竟然走到了朋友家裡。

　　威廉‧柯貝特恍然大悟，只要將到朋友家的路程拆分成從起點到圖書館，再到射箭館，再從射箭館到朋友家，就會清晰很多，只有有了當下的目標，遠大目標才會觸手可及。

　　我們都知道，登山運動員想要攀上頂峰，必定要從山腳下開始，山頂是運動員的遠大目標，而從山腳到山頂這一條路的每一步路都是當下目標，若不腳踏實地走好每一步路，山頂就是遙不可及的遠端。

03／

當你把精力聚焦，
你會被自己的才華嚇到

　　多數人不是因為他們的能力不夠而失敗。他們失敗是因為把能力分散到太多的方向上。而偏執狂一般聚焦在一個目標上，這可能是能夠成功的唯一策略。當你能夠在一個目標上聚焦，而且是持久聚焦時，你的成就將會達到它們的理論上限。

　　既然知道了什麼是多餘的枝椏，想要打造一盆精美的盆栽，接下來我們就得了解如何修剪。每個人排除干擾的方法都不同，這一節將介紹幾種被廣泛認可的方法。

（1）合理的時間安排

　　首先，你要能正確評估自己的能力。

　　我曾在一場心理諮商課上聽到一個案例。一個人對心理諮商老師說他很焦慮，其焦慮的來源是他明明按照成功人士的作息時間重新調整了自己的時間表，但不知為何他的生活卻變得越來越混亂。

　　原來，他在看到新聞報導的成功人士的作息時間表時，自己也躍躍欲試，早上六點起床，七點跑步，八點開始工作……晚上十點睡覺，一天看完一本書，一週學會一項技能，一個月變成某某小高手。計畫十分美好，但是現實卻不盡如人意。最後他哭喪著臉說，他實在堅持不下去了。

　　心理諮商的老師卻笑著和他說：「哪怕我一天可以完成很多事情，那些成功人士的時間表，我也是堅持不下去的，因為這超出了我的能力範圍。我沒辦法每天六點起床，也沒辦法一小時寫完一份報告，而且若是有一天的計畫完成不了，弊端就會開始顯現，未完成的事情就會像雪球一般越滾越大，直到最後功虧一簣。」

　　其實，那個人之所以會出現壓力越來越大的情況，就是因為他沒能正確預估自己的能力。正常情況下，他在企劃一項方案時需要三天，但是他卻在計畫上寫一天完成，那麼結果可想而知，在規定的時間內，他是無法完成任務的，所以，這個計畫就沒有存在的必要了。

　　後來，心理諮商的老師告訴他，當他準備去做一件事時，首先要了解和評估自己的能力。如果他不適應早起，反而在夜晚時工作效率較高，那就根據自己的實際情況適當調整作息時間和工作時間。後來，他雖然在寫方案時沒有像以前一樣，強迫自己在一天內完成，卻在自己的能力範圍內將工作完成得更好。雖然看似時間變長了，但是效率卻提升了。

　　如果你不知道自己的能力究竟如何，不妨循序漸進，從最基礎做起，再不斷加深難度，最後到達自己的極限，再斟酌是否突破極限。

　　其次，給自己的計畫一點緩衝時間。

　　人是一種生物，不是一連串複雜的程式，不可能每時每秒都嚴苛地按照計畫進行，時間安排得越精密，一旦失控，人產生的叛逆心理就會越嚴重。當然，這並不是意味著你可以隨心所欲，不遵守制訂的計畫，而是應該適當放寬，給自己一點緩衝的時間。

　　原先的我經常抱怨：「這時間安排太緊湊了，我都快要喘不過氣了。」、「這個小任務完成了，可是還有一些複雜

的任務要完成，我得繼續。」緊接著任務一個接一個來，永遠也沒有盡頭，我拖著疲憊的身體奔向下一個目的地，從而越來越累，專注力不斷下降。

直到最後身體實在承受不住負荷，我才停下腳步，並開始反問自己，這樣高強度地完成任務，究竟有效果嗎？

研究證明，在高頻率、高強度的用腦後，不給大腦一定的休息時間，大腦就會不堪負荷，完成任務的效率也會大幅降低。這種情況下，我們最好適當地停下自己的腳步，讓身體適當放鬆一下。

一天是一個循環，一週是一個循環，一個月是一個循環，一年也是一個循環，在完成一天、一週、一個月、一年的計畫後，為自己安排一段沒有任務的時間，你可以選擇做任何自己想做的事情，以此當作對自己的獎勵。

最後，完成一項任務後再繼續另一項任務。

大多數案例表明人的精力是有限的，人腦無法多層次地處理多項具有難度的任務。即使可以，效率也會大打折扣，就像你沒有辦法一邊寫工作報告，一邊翻譯文案一樣，當然你可以一邊看電影，一邊吃爆米花（這不屬於高難度任

務）。人的大腦無法同時高效地處理複雜的視覺、聽覺、語言等資訊，如果囫圇吞棗地處理多項任務，還不如盡量單個擊破，這樣專注力聚焦於一點，完成度說不定會更高。

任務一旦超出人腦的極限，就如裝滿水的杯子，再往裡面倒水，水就只能溢出來了。

首先你要根據前文的「不值得定律」選擇最重要的事，再根據重要程度依次排列，這將是你完成任務的順序，就像排隊一樣，整齊劃一的隊伍比一哄而上的效率高得多。

（2）排除外在干擾和內在干擾

想要排除外在干擾，你最好選擇一個合適的工作學習環境。一個安靜的圖書館或者辦公室的干擾因素自然比嘈雜的工廠少，一個乾淨整潔的辦公桌的干擾因素也比堆滿了雜物與電子產品的辦公桌少。當你周圍都是嘈雜的聲音，手機和電腦不斷跳出通知時，你根本無法做到專心致志，最好的方法就是遠離這些干擾源，如果無法遠離，就只能選擇無視。

但是無視需要很強的自制力，一般人都避免不了被干擾，所以我們可以選擇降低干擾因素的干擾力。

我們之所以會被干擾，大部分人是由以下的原因導致的：一是來自無法改變的外界環境，例如嘈雜的街道、商

場、工地，這些干擾因素我們無法改變，只能遠離；二是干擾因素的吸引力太強，例如精彩絕倫的動畫片、高潮連連的電影、讓人難以自拔的遊戲，這些干擾因素不斷地吸引我們的注意力，讓我們一步一步沉迷其中。

此刻，我們要做的便是使目標的吸引力大於外在干擾的干擾力。

那麼，要如何提高目標的吸引力呢？

我的老闆曾跟我說過他的創業故事，那時他很窮，只有手上的一批物資和一台電腦，為了創業，他真的做到了廢寢忘食。他告訴我，他當時專注得看不見除了工作外的其他東西，而維持這種專注則靠了一種方法，他為它起名叫「假想得失法」，這方法主要分成兩步：

第一步，在心中設想完成目標可以帶來的成就。比如，他想如果他創業成功，他將獲得無與倫比的成就感以及資金和人脈的回報，更重要的是，他會有資金讓自己的孩子在更優秀的學校讀書，讓自己的父母老有所養。

第二步，在心中假設未完成目標帶來的後果。如果他創業失敗，他將懊悔至極，周圍人若有似無的輕視，金錢地位的喪失，父母妻兒的供養問題，這些後果都很嚴重，是他無

法承受的，為了避免這種後果，所以他會竭盡全力地去完成目標。

設想這兩步之後，目標的吸引力就會大幅度上升。

內在干擾就是當我們試圖專心完成一件事時，大腦卻無法集中精力，內心時常產生一種焦慮感，而產生焦慮感後大腦就會不斷地轉移注意力，久而久之，專注力就會消耗殆盡。

這種內在干擾從何而來？我們又應該如何應對？

① 體能不足。

當你時常感到身體疲憊，大腦無法正常運轉時，那是你的身體正在發送信號給你，告誡你消耗太多卻補充不足，某些在事業上做出卓越成績的人都認為成功最重要的第一步是關心自己的身體。

被年輕人奉為導師的「創新工廠」創始人李開復曾飽受淋巴癌的困擾，他因為作息時間不規律，長期熬夜以及壓力過大，導致身體狀況一落千丈，那時的他別提工作了，就連看書也做不到專注。

身體是革命的本錢，若是體質太差，大腦根本無法充分

發揮自己的作用。

通常我們不會到那麼嚴重的地步，但是內心煩躁可以說是經常發生的，想要調整這種狀況，可以試一試深淺呼吸法，來暫時控制自己的情緒。

第一步，深吸一口氣，再用兩至三倍的時間將它呼出去；第二步，正常呼吸；第三步，深呼吸與正常呼吸交替進行，直到內心漸漸平靜下來。

若是這個方法對你有幫助，你就可以多用它來調節自己的情緒。

②獲得的正回饋與負回饋。

正回饋代表你完成一項任務後所帶來的心理滿足感以及其他的肯定，負回饋則是你未完成任務內心的焦慮感以及其他挫敗感。當正回饋大於負回饋時，你就會有繼續這項任務的勇氣，而當負回饋大於正回饋時，挫折與失敗就像是一座大山擺在你的面前，阻礙你前進的步伐。

此時我們就應該學會心理調整，認清在完成任務的過程中遇到困難是不可避免的，所需要的就是將自己的思緒拉回正軌。

我們在獲得的正回饋大於負回饋時，才有行動的欲望。

在這個過程中，你可能會出現多次思緒無目標的遊蕩，通常上一秒你的思緒還停留在任務上，下一秒它就跳脫到電影或音樂上，可能你自己也不知道這種情況會出現多少次。在這裡告訴你一個被實驗驗證的小竅門，能幫助你盡量減少負回饋，你所需要的就是一枝筆，一個本子。

第一步，每發呆一次就在本子上寫「正」字的一筆；

第二步，每當寫完一筆，就將思緒拉回自己手邊的事；

第三步，每天堅持，直到本子上的「正」字越來越少。

③ 找到當下目標和遠大目標。

首先找到你的遠大目標，再使用「逆推法」往前一步一步制訂當下目標。

逆推法的定義是根據已知或假設的關聯性規則，和包含此規則的至少一個規則，由於其他斷言在觀測和規則二者中同時出現，關聯性規則的另一個斷言就推廣到觀察中。

這個定義太過於複雜，簡單來說，就是由結果推斷過程，比如我想在工作上有所成就，那怎樣才能在工作上有所成就？我想工作能力比同事強，那怎樣才能強？我想掌握並熟練工作內容，在專案上更有創意和耐心等，那就要再依次往前推，最後到工作中的每一個細節。

　　你可以拿最近的一個目標試一試逆推法，在這個過程中，你的思緒會越來越清晰。

04

運用帕雷托法則分配積極關注
與消極關注

　　莫雨從事銷售工作很長時間了，但他在業務能力上卻平平無奇，這並不是因為他偷懶，相反地，他每天的大部分時間都在為銷量而奔波，這不上不下的尷尬局面讓他十分苦惱。他自認為已經付出了很多時間和精力，一直專注於工作，為什麼還是不盡如人意？這種狀態持續了很久，直到新來的一位上司提點了他。

　　上司認為，莫雨專注於工作不假，但他的專注力卻處於一個非常平均的水準，這樣的做法不是十分恰當。許多銷售高手認為，對待不同的客戶以及對應不同的產品需求，專注力的水準也需有高有低，就好比你握著一把刀，切菜與切肉的力度應該截然不同，更貼切一點的比喻就是切菜不能用砍

柴刀，砍柴也不能用菜刀一樣，如果兩者共用一把刀，那麼切菜與砍柴的效率都會大幅降低。

莫雨的上司告訴莫雨一個經常被銷售高手採用的法則——帕雷托法則（Pareto Principle，又稱 80 ／ 20 法則、八二法則或關鍵少數法則）。這個法則適用於很多場合，將帕雷托法則用於銷售的重點就是如何用最少的付出換取最大的利益。而最重要的一點就是如何合理分配精力。

在面對不同需求的客戶時，是應該將自己的專注力降低到平均水準之下來節省精力，還是提升到平均水準之上來攻克難關？這需要根據實際來選擇。

帕雷托法則是分配時間、精力、金錢的一種有效方案，不僅適用於銷售時精力的分配，還能應用於生活的方方面面，下面說的是帕雷托法則與專注力之間的關聯。

首先，讓我們來了解一下什麼是帕雷托法則。

帕雷托法則是十九世紀末到二十世紀初的義大利經濟學家帕雷托（Vilfredo Pareto）透過研究十九世紀英國人對待財富的不同掌握程度，以及他們獲得的收益發現的法則。

帕雷托透過數據發現，任何一組東西，只有 20 ％是重

要的，剩下的80％是次要的，只要能將重要的20％做好，就可以控制全局。其中，那些會帶來重大影響的約20％是「關鍵少數」，而帶來較小影響的約80％則是「無用多數」。

帕雷托法則中的八二分配並不是那麼精確，可是核心卻沒有改變，就是將注意力集中在最重要的 20％上，由此來獲得最大的回報。

莫雨最後接受了上司的建議，他閱讀了一些關於帕雷托法則的書籍與實例，最後總結出自己最大的問題──專注力分配不當。

根據帕雷托法則，增加銷售額有一個較為高效的途徑。首先，某些銷售人員會根據不同顧客購買產品的數量與頻率將顧客分為經常使用的人、不常使用的人、偶爾使用的人、從來不使用的人。其中經常使用的人占總量的 20％ 左右，剩下三項占 80％ 左右。

其次，根據以往的數據來看，這20％顧客的購買量約占總銷售量的絕大多數，而剩下80％顧客只貢獻出少量的銷售額，那麼這四類客戶就可以分為有較強烈購物欲望的顧客、有輕微購物欲望的顧客、購物欲望可有可無的顧客、無購物欲望的顧客。

最後，銷售人員應該將重心放在占20％的經常使用者上，這樣帶來的效益會更高；相反地，如果將重點放在那80％上或者分一部分心思放在無法帶來營業額的顧客上，那麼得到的收穫也會大幅減少。

莫雨最終將專注力放在了那20％客戶上，他沒有追求一碗水端平，這不僅輕鬆了許多，在幾個月後他的銷售業績也漸漸提升。

莫雨對專注力的不合理分配導致工作效率達不到預期，這種情況不僅會出現在個人身上，企業也經常會出現這些問題。

比如說，某些公司開發出來的應用程式有幾十個介面，甚至有些可能高達上百個介面，可是通常使用者不會每次都打開所有的介面，這些應用程式中只有數十個介面經常被使用者瀏覽，這數十個介面就是帕雷托法則中關鍵的20％。

更新所有的介面需要消耗大量的人力物力，最初公司將專注力投放到所有介面上，這樣更新後的介面處於一個非常平均的水準，然而大多數介面使用者通常只會簡略瀏覽，如果經常停留的頁面的水準沒有大幅度提升，這個應用程式的競爭力就會下降。

　　網易雲音樂就是一個較為成功的例子，他們更新版本時幾乎重新設計了使用者頁面，但他們更新的重點只放在了那些比較重要、使用者瀏覽率最高的介面上。他們花費最多的財力物力來打造這些介面，而對那些無關緊要的頁面只做了局部的改動，並沒有消耗太多時間。

　　網易雲對不同頁面更新投入了不同的精力，讓它最終的更新大獲成功，不僅在風格上更適合時代潮流，而且是用最小的付出獲得了最大的收益。

　　美國物理學家約瑟夫‧福特（Joseph Ford）曾經說過：「上帝在和整個宇宙玩骰子，但是這些骰子是被動了手腳的。」這些動了手腳的骰子呈現出不同的分布規律，帕雷托法則就是針對各種數據規律推測出的法則，這個法則不僅在企業管理、行銷策略上有適用性，對個人也有一定的借鏡意義。

　　針對精力管理來說，在我們的專注對象中，只有20％的關鍵少數是應該特別關注的，80％的無用多數不是我們首要關注對象，而對待關鍵少數和無用多數所產生的不同關注強度可以分為兩大類——「積極關注」和「消極關注」。

　　積極關注：投入自己最強的專注力，運用最大的能力來做好一件事，此時的專注力應該處於一個峰值的水準，適用於「關鍵少數」。

　　法國知名作家莫泊桑（Guy de Maupassant）和福樓拜（Gustave Flaubert）之間曾有過一段對話，當時年輕的莫泊桑被引薦給福樓拜時略有不服，他對福樓拜說自己什麼都會。

　　福樓拜問他每天都做些什麼，莫泊桑揚揚得意地說，他每天上午花兩個小時讀書寫作，花兩個小時彈琴，下午學習修理汽車，甚至還會學踢足球和烹飪。福樓拜卻說自己每天上午下午都在讀書寫作，並反問莫泊桑有沒有什麼最擅長的東西，莫泊桑無法回答，福樓拜卻說，自己擅長寫作，於是每天只專注於寫作，而夢想成為著名作家的莫泊桑卻將專注力放在無關緊要的東西上面，這將讓他難有大的成就。

　　醍醐灌頂的莫泊桑最終拜福樓拜為師，從此只專注於寫作，最終成為一代大師。

　　寫作對於莫泊桑來說就是「關鍵少數」，而「積極關注」的重心是針對「關鍵少數」，由蝴蝶效應來看，一個微小的誤差會帶來無法預料的後果，當然，「關鍵少數」發揮

了最好的效果，對以後的人生也會產生重大的影響。巴菲特曾說過：「只專注於一件事，花點時間將事情做到極致，這是許多人成功的奧祕。」專注於最關鍵的部分，當關鍵的部分做到極致之後，成功就已經觸手可及。

消極關注：面對「無用多數」時，合理降低自己的關注度，不要被不重要的事情分散掉自己的精力，此時的專注度應該處於低谷。

《孟子・告子上》中的《學弈》提到過弈秋的故事，他是圍棋高手，曾經教導過兩個人下棋。其中一人全神貫注在下棋上，另一個人的心思卻經常被其他事情分散，他總是想要拿弓箭去射天鵝，最終兩個人雖然一起學習，差距卻越來越大。

學習下棋是「關鍵少數」，而射天鵝是「無用多數」，在面對「無用多數」時，如果投入太多的專注力，那麼正事就會被耽擱。

著名作家艾倫・狄波頓（Alain de Botton）曾說：「人類近來對於資訊前所未有的獲取，是以我們的專注力為代價

的。」在互聯網高速發展的今天，我們的精力被手機、電腦、電視大幅分散，尤其是在工作時，社群媒體的更新，網路購物的推薦，各類新聞的通知，這些本應該需要「消極關注」的「無用多數」卻被我們錯誤地投入了過多的精力。

這些被分散的精力無法收回，最後不僅影響了工作，而且還影響了日常生活。

所以，在不同的情況下應該運用不同水準的專注力，正確運用「積極關注」與「消極關注」才是有效工作的核心。

05 /

有選擇的努力，才不會越忙越窮

　　在面對「關鍵少數」時，究竟怎樣才能做到「積極關注」？在面對「無用多數」時，又該如何合理地做到「消極關注」？

　　積極關注是一種強度較高的專注，在這種強度的專注力下，做事情的效率會大幅提升，但是人的大腦一旦處於高頻率、高效率的專注時，就非常容易產生一種懈怠的情緒，甚至會厭惡自己要做的事情，這時精力便無法維持在一個較高的水準，遇到這種情況，我們該何去何從？我們應該用什麼方法來維持這份專注度呢？

　　據研究表明，缺乏積極關注最重要的原因是太過急功近利，做事情無法一步一腳印。

　　其實所謂天才，首先是專注力要超越常人。沒有好的專注力，就沒有過人的思考能力。有些人整日忙忙碌碌，努力地學習和生活，但是真正做到專注的時間非常少。這只是一種自欺欺人的努力。只有當你在專注的時候，你的努力才是最有效的。因為在這個時候，努力所帶來的「複利」會隨著時間的流逝逐漸增值。

　　京劇大師梅蘭芳就是一個很好的正面例子。他是一個德藝雙馨的藝術家，在中國影響力巨大，但是小時候的他天資卻不夠聰穎。梅蘭芳幼時拜師學藝時總是記不住戲詞，當別的學徒都能夠登台表演時，他卻只能站在台下。但是他有一個最大的優點，就是從未想過一口氣吃成一個胖子，反而每天堅持練習京劇，從未間斷。

　　早上練習走台步時，別人都是剛開始專心致志，最後因為千篇一律的台步太過無聊，一時半刻看不到效果，都慢慢地無法做到專心，而梅蘭芳卻恰恰相反，他日復一日地練習走台步，從未懈怠，最終台步穩健，遠遠超過同齡人，終於學有所成。

　　「我是一個笨拙的學藝者，沒有充分的天才，全憑苦學，我不知道取巧，也不會抄近路。」這是梅蘭芳對自己的

評價。通常無法維持積極專注度的人，大多都想早點完成目標，期待走捷徑，過於急功近利的態度擾亂了他們的心神，最終導致無法走遠。

我曾經看過一則新聞，一個剛剛升職的總經理僅僅在半年之後就被炒了魷魚，這個新聞引發了大家的好奇，按理說一個因為工作卓越而升職的總經理，怎麼會在短短半年就丟掉了工作，這期間到底發生了什麼？新聞最後給出了答案，這個經理在升職之後急於表現自己，半年來更改了多次營業方案，更是經常辭退新招的員工，最後破壞了部門的穩定，導致公司盈利出現了問題。

這種情況比較極端，但是因為急功近利導致的「消極關注」缺失卻十分常見，一些職場人士或多或少都曾出現過這樣的問題，因為內心無比迫切地想要達成目標，最後反而得不償失。

我們應該如何避免這樣的事情發生呢？下面介紹兩個頗受推崇的方法。

第一，使目標視覺化，用成就來預估具體目標的完成度。

　　小敏是個成功的插畫家，曾在多本著名刊物、廣告媒體上刊登過自己的作品，憑著擅長創意的人設和踏實謹慎的工作態度贏得了行業內外的誇讚，可是有段時間她卻非常苦惱，原因便是她無法專注於手頭上的任務，總是想畫出風靡全球的作品，因此導致手頭的任務遲遲無法完成。

　　她的一個心理醫生朋友告訴她，她無法專注的原因是無法找到自己的位置，簡單來說就是不知道自己現在的水準到目標水準之間的差距，這一段差距是長是短，需要幾個月還是幾年才能完成。小敏沒有具體的打算，只是一心想要立即完成目標，用一句成語概括，就是「急功近利」。

　　小敏最後接受了朋友的建議，首先評估了自己的水準到目標水準的差距，其次將這段差距分為幾大段，每一段都用成就來評判是否到達終點，比如第一段的終點是在某大型雜誌上發表自己的作品，第二段的終點是在全國範圍內的廣告上有自己的一席之地，以此類推，最後一段的終點是畫出一幅風靡全球的作品，她將目標製作成一張表格，以此經常督促自己。

　　小敏現在正一步一步地朝著終點邁進。這個方法把想達成的目標視覺化，可以避免自己不知所措的茫然，而一段段的成績能讓自己感覺正朝著目標走去，避免了因為對目標毫

無頭緒導致的急功近利。

當然，成就的外在形式五花八門，比如工作時獲得了更多的獎金，或是完成工作花費的時間減少，這些都可以成為一段距離的終點。

第二，積極關注應該持積極的態度，接受積極的回饋。

當面對關鍵少數時，高強度的積極關注會使目標完成度大幅度提升，這時候我們會收到很多回饋，其中包括積極回饋與消極回饋。

據大量研究表明，一些讓人身體愉悅的訊息會使人的大腦處於一種類似電腦剛開機的狀態，這時提高專注力比平時更為迅速。

比如，當你在考與工作相關的證照時，「你的模擬考成績提高了」或「你掌握的東西更多了」這些積極回饋會激勵你向前，而「你努力了這麼久也沒有太大的進步」、「某某早就考過了，你還沒考」這些消極回饋彷彿一根緊繃的弦，在大腦高強度的積極關注下很容易斷掉，如果被消極回饋占據了思維，你的積極關注很快就會消失殆盡。

消極關注是一種專注力處於強度較低水準的專注，通常處於這種關注下，大腦的活躍程度也會降低。說白一點，消

極關注是另一種意義上的休閒放鬆，適用於一些不太重要但不得不做的事情，不過在這種情況下容易出現一種狀況，就是你的專注度會隨著時間的推移漸漸下降到極低的水準，甚至近似於沒有專注度。

從某些研究數據來看，在事情的刺激度處於較低頻率時，專注度也會大幅降低。意思就是，如果你持續做一項沒有挑戰的事情，你會覺得沒有意義，提不起勁來完成，這樣你的注意力便會不自覺地分散。

比如一週的工作結束後，部門會聚在一起開一個檢討會，這種會議在大部分時候都是千篇一律沒有新意的，但卻是你不得不參加的。我們無法拒絕參加會議，也不能太過隨意地對待，但不可否認的是，我們很難全程以高專注力水準參加會議，那我們在面對這些「無用多數」時，又該如何分配自己的注意力呢？

以東漢名臣陳蕃為例，他是東漢時期一個胸懷大志，發誓「以掃天下為己任」的讀書人。陳蕃年少時曾遇到過這樣一件事，當時他把心思都放在讀書上面，對雜事一概不理，自己獨居的院內雜草叢生，穢物遍地，他父親的老朋友薛勤

就問他，為什麼不打掃一下屋子用來招待賓客呢？

陳蕃道，大丈夫處理事情應當以掃除天下的禍患這件大事為己任，為什麼要在意一間房子呢？薛勤反問道，一屋不掃，何以掃天下？陳蕃聽後羞愧不已，對待雜事也不再用事不關己的態度，身邊小事也沒有忽略，最終成為一代名臣。

對於陳蕃來說，掃除天下的禍端這件大事是「關鍵少數」，打掃屋子等小事是「無用多數」，起初他忽視了「無用多數」，不僅受到了他人的嘲諷，學術上也沒有太大的突破，自己也落得個憨傻的名聲，直到後來對「無用多數」投入了注意力，這種情況才逐漸改善。

因此，縱使無用多數只產生較小的影響也不能忽視，當我們面對無用多數沒有幹勁、提不起精神努力時，最好的方法是利用危機感，借此激勵自己集中注意力。

不知你是否聽說過一個故事：早些時候，降落傘的開傘率非常低，這就意味著跳傘的士兵中有很大一部分人還未落地集合就喪命了，這種情況是軍方無法忍受的。於是他們找到了負責生產降落傘的廠商，幾番勸說指導之下，廠商的合格率依舊只能達到 99％，儘管已經比之前好很多了，軍方仍

然不滿意，後來他們想到了一個主意，最終將開傘率提升到了 100％。

這個主意非常巧妙，軍方的人告訴廠商，在交貨時會從中隨機挑選一個降落傘來讓廠商老闆去跳，從那以後就再也沒有出現過降落傘打不開的情況了。

這是利用危機感最得當的例子。在現實生活中，我們也可以利用危急來臨的恐懼來激勵自己集中注意力，只有這樣我們才能最大限度地提高專注度。

因此，做事腳踏實地，不妄想一步登天，充分利用自己的危機感與積極回饋，才是正確分配消極關注與積極關注的關鍵。

－精力管理－
關鍵指南

● 做一件事情的注意力集中程度，在很大程度上決定了做
這件事情的效率和成功的機率。工作時不同的專注力已
經拉開了彼此的距離。

● 多數人不是因為他們的能力不夠而挫敗。他們失敗是因
為把能力分散到太多的方向上。當你能夠在一個目標上
聚焦，而且是持久聚焦時，你的成就將會達到它們的理
論上限。

● 如果你不知道自己的能力究竟如何，不妨循序漸進，從
最基礎做起，再不斷加深難度，最後達到自己的極限，
再斟酌是否突破極限。

● 在我們的專注對象中，只有 20% 的關鍵少數是我們應該
特別關注的，80% 的無用多數不是我們首要關注對象。

● 縱使無用多數只產生較小的影響也不能忽視，當我們面
對無用多數沒有幹勁、提不起精神努力時，最好的方法
是利用危機感，借此激勵自己集中注意力。

,,

第二章

你普通的改變，能改變你的普通

01/

正確評估你的能力，為自己打分數

在〈當你把精力聚焦，你會被自己的才華嚇到〉（參閱24頁）中，我們曾經提到應該正確評估自己的能力，而怎樣正確評估自己的能力，這需要更為詳細的敘述。這一節我們將闡述如何正確評估自己的能力，為自己打分數。

在心理諮商中，心理醫生有時會讓諮商者畫一張自畫像，諮商者不需要有任何繪畫基礎，只要根據內心真實的想法來畫出自己即可，你可以是一條魚，也可以是一個白髮蒼蒼的老人，甚至可以是一座橋。

「畫自畫像」是一個不斷探尋自己、分析自己、感受自己情緒的過程，期間沒有人干涉你的創作，這段時間你會對自己有更深的認識，有時甚至還會發現自己不曾意識到的問題，心理學上稱其為「自我覺察」。

　　自我覺察是指個人知道、了解、反省自己在情緒、行為、想法、人際關係及個人特質等方面的狀況、變化及發生的原因。

　　自我覺察即正確認識自己，這是我們行動的第一步。在追求目標的過程中，意識到自己的能力究竟處在怎樣的水準，這對制訂合理的計畫是至關重要的。我們可以根據自身狀況預估專注力的極限值，更有效地調整專注力的高低。

　　如何進行自我覺察呢？根據心理學提供的案例，有四個要點值得注意：

第一，一般人評估自己的水準總是高於實際水準。

　　巨人集團的董事長史玉柱就曾經公開承認自己的錯誤。他曾說，一個集團和企業最難認清的就是自己，特別是在取得一定成就之後。他在企業初步盈利的時候，以推廣電腦、保健品、藥品為目的，打響了「三大戰役」。史玉柱的公司當時沒有太多的財力物力，可是他仍舊在廣告上投入了大量的資金，但當時產品還沒有投入生產，廣告自然沒有達到它的效果，廣告費自然被白白浪費了，這對當時的公司著實產生了不小的打擊。

　　高估自己是非常普遍的現象，大部分職場人都認為自己應該擁有更高的職位才更符合自己的能力。

　　其實，這是一種普遍的心理學現象，被稱為「達克效應」，它是一種認知偏差現象，指的是能力欠缺的人在自己欠考慮的決定的基礎上得出錯誤的結論，通常情況下，這些人無法意識到自己的不足，也無法辨別錯誤的行為，更是經常性地高估自己的能力。

第二，情緒影響能力的效果十分明顯。

　　我的朋友李覓工作能力十分出眾，總是能出色地完成每一項任務。不過，這只限於他一個人的時候。他並不擅長在眾人面前展露自己的想法，這會讓他壓力巨大，因此他在講台上總是十分緊張，而他越告訴自己不能緊張，實際效果越是相反，這使李覓的能力總是不能展現在眾人面前，公司管理層對他的印象也不深。

　　當人類受到刺激時（包括壓力、恐懼、興奮），體內的腎上腺素會大幅度提高，血壓會升高，心跳會加快，反應會變得敏銳，能力自然會大幅加強，但是當刺激沒有衰退的跡象時，我們的身體最終將因為無法承受負荷而變得疲憊不堪，警覺性降低，能力也會不斷下降。

適度的刺激能激發能力，但刺激過度就適得其反了。

第三，固定僵化的行為模式與思考狀態不利能力提升。

思想行為僵化的人通常都不能做出自己的判斷，正常的大腦有處理分辨資訊的能力，但在這些人的世界裡，大腦的作用已經簡化了，它只能根據一套固定的模式來運轉，不會出現一絲一毫的創意，也不能辨別超出自己認知的騙局。

不知變通是能力提升的攔路虎，故步自封是很多個人和企業退步的罪魁禍首。

曾經的手機巨頭諾基亞就是因為無法與時俱進而退出了歷史舞台。早期，諾基亞的智慧手機已經有了一定的優勢，它是最早配置觸控式螢幕的手機，而當時蘋果的技術還沒有太多突破性的進展，可是後期蘋果卻超過了諾基亞，因為它的手機觸控式螢幕技術有了很大的進展。

諾基亞不肯放棄之前安穩的生產方式，不願引進新的設備來更新最初的智慧手機生產線，終被時代淘汰。

諾基亞的 CEO 曾說：「我們並沒有做錯什麼，可是我們輸了。」諾基亞的確沒有做錯什麼，但是固守舒適圈，不肯放棄僵化的營運模式，就已經種下了失敗的種子。

第四，環境對個人能力的影響應一分為二看待。

在王肅的《孔子家語‧六本》（卷四）中記載過一個故事：孔子說，他死後，子夏會比之前進步，而子貢會比之前退步。曾子不解。孔子解釋道，子夏喜歡和比自己賢明的人在一起，而子貢卻喜歡和不如自己的人相處。孔子又說：「與善人居，如入芝蘭之室，久而不聞其香，即與之化矣。與不善人居，如入鮑魚之肆，久而不聞其臭，亦與之化矣。」

常和品行高尚的人在一起就像是「入芝蘭之室」，自身也會沾染香氣，而與品行低劣的人在一起就像是「入鮑魚之肆」，自己也聞不到臭了。

大量研究證明，環境對個人有很大的影響，這種影響從幼年開始一直持續一生。當個人意志不堅定時，環境中的消極因素將乘虛而入，當個人意志足夠堅定時，自己也能夠影響環境。知名的科學家、頑強的戰士，還有以身作則的領導者，都可以發揮出榜樣的力量，帶動別人進步，而一些墮落的人卻容易將別人帶入深淵。

個人能力處於波動的水準，這四個干擾因素會影響能力評估的準確性，讓能力評測的波動值處於忽上忽下的狀態。若想準確地認識自己的能力，應該先避免這四個影響因素，之後才可以進行自我能力的評估。

學會觀察自己、認識自己的第一步，就是先知道自己是什麼樣的人，由外向內觀察自己，不斷反省自己，探索自己，才能更好地了解自己。

（1）覺察自己「固定」的行為模式

理論家對行為模式的定義是人們有動機、有目標、有特點的日常活動結構、內容以及有規律的行為系列。它是行為內容、方式的定型化，是人生價值的「外化」，表現了人們的行動特點和行為邏輯。簡單來說，就是你平常的行為舉止、為人處世的方式，以及面對不同事件的處理方式。

行為模式很容易受到環境影響，我們所要探尋之「固定」的行為模式是一種核心的行為模式，它在大多數情況下都適用（突發情況除外），這種行為模式代表你完成任務的最低效率，額外的爆發力會使最低效率提高（這種狀態不可測）。

行為模式五花八門，我們可以簡單地從一些生活上的小事來初步探索自己，你可以找一個空閒的時候在心裡與自己對話。

① 路上遇到親密的人、熟悉的人、認識的人，你分別是如何打招呼的？

②　在接到任務時，你會選擇立刻行動，還是先抱怨一下再不情不願地執行，或是拖到最後一刻？

③　你喜歡安靜的氛圍還是人多的環境？

④　自己與同齡人、工作夥伴、朋友之間有什麼不同？有什麼差距？有什麼優勢？

這些僅僅是幾個建議，你可以透過不斷地反問自己，在與自己對話的過程中更加了解自己。在反問結束後，最好將答案記在紙上以免忘記，同時還可以用來與以後的改變進行比對。

（2）試著嘗試和發掘不同興趣愛好，發現自己的潛能

每年在馬拉松比賽中都會出現不少業餘選手取得優異成績的情況，他們有些已經年過半百，還有些是近幾年才開始跑步的，要是告訴幾年前的他們，「你會跑完馬拉松還會獲得不錯的名次」，大概沒有人會相信。

或許是一次機緣巧合，他們開始了跑步，開啟了自己的潛能，從此以後多了一項終身的熱愛。

美國的心理學家威廉・詹姆士（William James）曾說過，「我們現在僅僅運用了智力和身體的一部分」，人體中蘊藏的潛能，是遠遠超過我們所想的，但是它通常隱藏至

深，若是沒有加以發掘，可能一輩子都不能發覺它的存在。

　　所以，多嘗試，多去接觸不同的興趣愛好，或許會發現不一樣的驚喜。

　　最後，接受朋友、長輩、同事的分析，多方面認識自己。從他人口中了解自己，可以發現一些自己根本不知道的特點，從而在心中為自己樹立起一個較為立體的形象，避免因個人局限導致的認知片面化。

　　但是，接受他人分析也有需要注意的地方，所以應該避免盲目相信以下兩種人的評價：

　　一種是戴「有色眼鏡」看待自己的人，即本身對自己有偏見的人。他們不會仔細了解你的全面性，得出的結論會有失偏頗。

　　另一類是與自己過於親密的人。俗話說，「情人眼裡出西施」，親密的愛人或父母在看待你時經常會戴著濾鏡，把你的那些缺點都選擇性忽略了。

02/

四象限法則，以「I級事件」為中心

　　當今社會節奏非常快，大多數人每天都忙得焦頭爛額，特別是一些職場人士，每天都有大量的工作等待他們去完成，因此「週一恐懼症」在這些人中十分盛行。

　　因為週一通常是繳交上一週的工作報告，寫下一週的工作計畫的時間，而週末放鬆的心情加上與週間截然不同的作息，經常使得週一的工作更為煎熬，有些職員容易疲勞、恐懼、精神不濟，甚至產生厭惡的情緒。

　　卡瑞就是一個「週一恐懼症」十分嚴重的上班族，週一的事情繁多複雜，他通常不知道如何去安排與工作有關的任務，還有其他亂七八糟的瑣事，這一切都讓他心煩意亂。每一件事情似乎都很重要，而每一件事情似乎又沒有必要現在完成，這麼多事情讓他的腦子一團糟，「週一」越來越成為

卡瑞的噩夢。

　　大多數人都會有這樣的困擾，這麼多事情應該先關注哪一個？沒有適當的排序，這簡直讓人無從下手，而原本滿滿的注意力也漸漸被消耗。

　　歌德（Johann Wolfgang von Goethe）曾經說過：「重要的事絕對不可以受到芝麻綠豆小事的牽絆。」凡事都有輕重緩急，只有分清事項的主次後再一一完成，工作上才不會那麼被動。

　　那究竟如何替事情排序？怎樣才能讓自己的注意力有用武之地？「四象限法則」是公認的最有效的時間管理法之一。

專欄｜四象限管理法

　　四象限法則是時間管理上的一個重要理論，它的重點是將要做的事情分為四個等級，並安排到四個象限中，最後再按順序執行。

　　四象限分別如下：

　　第一象限：緊急又重要的事項（Ⅰ級事件）

　　第二象限：重要但不緊急的事項（Ⅱ級事件）

　　第三象限：緊急但不重要的事項（Ⅲ級事件）

第四象限：不緊急也不重要的事項（IV級事件）

四象限的關係如圖所示：

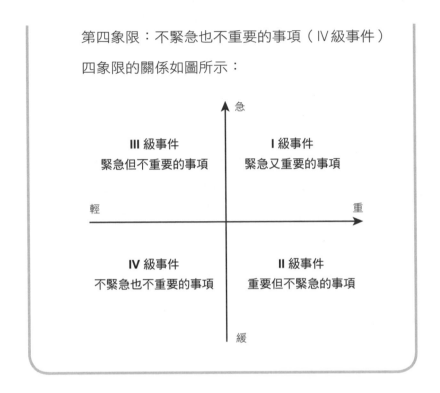

想要區分四個象限的事項，有個比較簡單的方法。

① 第一象限

劃分要求：有截止日期的任務或迫切需要處理的生活要事（如健康維護），基本上包括沒有第二次重做機會或者完成不了有嚴重後果的事項。

所占百分比：20%～ 25%

與其他象限的關係：大部分由第二象限轉變而來（通常是因為拖延的緣故）。

如何處理：不拖延，立即做。

應用舉例：喬治・布林頓・麥克萊（George Brinton Mcclellan）畢業於西點軍校，是著名的美國將領，曾官至北方軍總司令，但最後卻被口誅筆伐，解除了軍職。

這一切都是源於一八六二年的安提頓戰役，在這場戰役中他以未做好充分的準備為由，一直沒有將主力部隊派到重要的陣地上，導致失去了殲滅南方軍隊的機會。這已不是他第一次行動力不足，早在半島戰役時，他就曾因為躊躇不決導致對方乘勝追擊，而帶給己方麻煩。

每一場戰爭都是緊急又重要的，麥克萊拖拖拉拉的作戰風格使得機會一次次溜走，最終的失敗成了壓死駱駝的最後一根稻草。

在我們的生活和工作中，這種緊急又重要的事情，比如應付馬上就要截止交差的工作、生病後就醫等，若是不立即去做，將會帶來嚴重的後果。

② 第二象限

劃分要求：時間要求比第一象限寬鬆一些，但仍舊是

十分重要的事項，通常表現為提升個人能力或樹立企業形象
等。

所占百分比：65%～ 70%

與其他象限的關係：容易轉變為第一象限（由於時間的
減少）。

如何處理：制訂完成計畫（排在第一象限之後去做），
第二象限工作法就是對第二象限中的事情進行目標描述和任
務分解，最後一一完成。

首先，將一週或一個月的工作列舉出來，找到排序為第
二象限的工作後單獨寫在一處。其次，將第二象限的每一件
事情進行拆分，盡量分成小的部分，再確定每一件事所花費
的時間。最後，每天安排時間來完成小的部分，在規定期限
內解決第二象限的事項。

應用舉例：曾在東京馬拉松獲得過冠軍的山本田一就
奉行第二象限工作法，在跑馬拉松時，起初他將目標定在終
點的那面旗上，發現越跑越疲憊，到最後更是自信心嚴重受
挫。後來，山本田一在每次比賽前，都會先到比賽場地查看
路線，將沿途中的地標列舉出來，最後在跑步時，首先跑向
第一個目標，再跑向第二個目標，以此類推，這樣跑完整個
馬拉松比之前輕鬆不少，用時也大幅縮短了。

③ 第三象限

劃分要求：需要回覆的郵件或符合別人期望的事等，往往是「假性緊急」的事（大多為對能力要求不高，只要願意就可以去做，但無法帶來太大收益，還會占據大量時間的事，或者是對他人緊急，而他人將這種緊迫感轉移到你身上的情況）。

所占百分比：小於 5%

與其他象限的關係：占據第一象限和第二象限的時間，使兩個象限的危機感上升，經常與第一象限混淆，區分重點是目標不同。

如何處理：排在第一象限和第二象限事件之後完成，交給別人處理或從源頭減少第三象限事件。

應用舉例：李明是一家公司的部門經理，他在處理公務時常常事無巨細，幾乎每一件事情都要親力親為，與他同職位的部門經理都沒有他那麼忙碌。他每天都盡職盡責，不但負責工作上的事情，就連公司的宣傳也會說上幾句，一些突如其來的訪客、會議等他都會立即抽出時間來接待和主持。但即便如此認真，他手下消極怠工率遠遠高於別的部門，久而久之自己的身體也出現了問題。

大部分的職場精英都認為，那些緊急但是不重要的事可

以選擇交給手下人來處理，對於一個集團來說，上司樣樣都要插手，員工不僅不會覺得輕鬆，反而會認為上司對自己不太信任，這就會產生一種權責分離的反效果。

　　人的注意力是有限的，如果在第三象限上花費太多的時間，那麼分到第一象限和第二象限的時間勢必會大幅減少，因此捨得放手也是一種能力。

④ 第四象限

　　劃分要求：一些日常生活上的小事，基本上沒有時間上的限制，如上網或玩遊戲等。

　　與其他象限的關係：與第一象限關係很緊密，當第一象限的危機感高於承受能力時，大部分人可能會因為迷惘而去做第四象限的事項。

　　所占百分比：小於 1%

　　如何處理：減少做。

　　應用舉例：某地的晚間新聞曾報導過這樣一個故事，一名男子因沉迷網路被公司辭退，回家之後更是遊手好閒，不務正業，整日就只知道向父母要錢，在遭到拒絕之後，竟然一口氣喝了家中的農藥。

　　這個男子在第四象限上的專注力投放過多，最後不僅丟

掉了工作，也成了啃老一族，實在令人唏噓。

　　所以，合理地根據自己的目的來確定事項的緊急和重要程度是一切的前提，其中第一象限的事項是重中之重，因此要優先處理，第二象限的事項要抓緊時間做好，第三象限的事項要懂得合理分配，而第四象限的事項應該減少投入精力。

　　只有這樣有序處理，才能有條不紊地解決任務。

03 /

「立即做」原則，告別拖延症

　　「立即做」與「拖延做」是一對截然相反的詞，一提到前者，大家很自然地會想到一個動力十足的人爭分奪秒地完成任務的場景，而一提到後者，一般一個懶洋洋的人的形象就會躍然眼前。

　　李法就是一個經常「拖延做」的人，他的一天通常是這樣度過的：

　　早晨七點，鬧鈴響起，他隨手按掉鬧鈴，想著再躺十分鐘就起來。

　　早晨八點，他依舊在床上。

　　上午九點十分，他匆匆忙忙地趕到公司，但是已經遲到了十分鐘。

　　上午九點半，應該檢查郵件、彙報任務的時間，他卻對著電腦發呆。

　　上午十點，老闆催工作進度，他趕快打開檔案，寫幾十個字就休息一段時間，一般在截止日期前一刻才能完成任務（也經常無法完成）。

　　下午五點，下班（經常因工作仍未完成，不得不留在公司加班）。

　　晚上八點，他疲憊地下班回家。

　　晚上十二點，家人都睡了，他依舊沒有放下手機，想著過一會兒再睡覺。

　　凌晨一點，支撐不住，他終於睡著了。

　　第二天早晨七點又是一模一樣的一天，如此周而復始，不曾改變。

　　縱觀這位「拖延症」患者的一天，你是否感覺到了一些熟悉之處？你是否也和他一樣總是不能及時完成任務？是否也怎樣都無法集中注意力？

　　這一切的罪魁禍首便是拖延症。

　　拖延是一種常見的行為，指無法自我調節，即使知道有嚴重的後果，也仍然會把事情往後推遲的行為，嚴重者甚至

會導致憂鬱症、焦慮症。

　　拖延症的危害十分嚴重，就拿上述例子來說：

　　第一，精神不濟。

　　李法在晚上總是拖延上床睡覺的時間，不良的作息讓他每天都精神不振，大腦昏昏沉沉，身體也出現了不少的毛病。

　　在工作中，他總是在最後一刻才完成任務，這不僅讓他越來越得過且過，也讓他更加消極怠惰。

　　第二，浪費時間。

　　充分利用時間，生活才會有滿足感，李法整個上午的時間，只有完成工作任務的碎片化時間才能算得上是「有效時間」，在這段有效時間中他完成的工作品質並沒有其他同事高，由此產生的空虛感也時時刻刻困擾著他。

　　第三，成就減少。

　　李法完成工作品質下降，時間增長，導致可獲得的成就降低，薪資一直維持在差不多的水準，看不到上升的希望。而且由於李法的惰性，某些原本的計畫和想法都被擱置，沒有去追求的動力。

　　第四，情緒失控。

　　在拖延症的後期，李法意識到了自己的錯誤，想要改變可是又堅持不了太長的時間，自責情緒、罪惡感、焦慮感以及對自己的不斷否定、不斷排斥，導致了情緒的極度不穩定，在家中他經常會無意識地發火，甚至在工作中他也控制不了自己的脾氣。

　　拖延症危害重重，若是任由它肆意發展，我們的生活將會深受其害，那又應該採取何種舉措控制住自己的拖延症？怎樣讓自己時時刻刻充滿動力？

　　加拿大心理學家皮爾斯·施蒂爾（Piers Steel）曾提出過這樣一個公式：

改變的動力＝（期望 × 價值觀）／（衝動 × 推遲）

　　這個公式的意思是，當你的價值觀符合程度與期望越高，你想要改變的動力越高，即拖延症的發生率越低。而你的衝動程度與推遲程度越高，你想要改變的動力越低，即拖延症的發生率越高。

　　也就是說，想要增加自己改變的動力，要麼提高價值觀的符合程度或期望，要麼抑制衝動或推遲欲望。

首先，提高自己的興趣，化「被動事件」為「主動事件」。

興趣是行動最大的助力，一件任務若是上司、家人強加給你的，那麼你對它的排斥程度將遠遠高於自己想要主動做的任務，「被動事件」與「主動事件」之間最大的不同就是興趣的高低，只有提高自己的興趣，「被動事件」才能變成「主動事件」。

其次，期望越高，動力越足。

著名心理學家弗魯姆（Victor Vroom）認為，人總是渴望達到一定的需求，並想方設法追求目標，意思就是，行動結果越符合自己的需求，行動的動力就越足，為此，他提出了期望理論：

$$M（動力）＝V（價值）×E（期望值）$$

公式中，M 表示行動的動力，即一個人積極性的強度；V 代表價值，即獲得的成就；E 表示期望值，即人們根據已知經驗推測出之完成目標的主觀機率。

動力即為價值的總和與期望值的乘積。

　　大部分管理層都曾根據這個公式來激勵員工前進，其中最重要的舉措就是提高 E（期望值）。

　　繼續上述的例子，李法最近換了一位上司，這位新來的上司雷厲風行，上任的第一步就是提升員工的工作積極性。

　　李法之所以在工作上拖延，最大的一個問題便是工作總是與預期不符，一些簡單的任務做完沒有成就感，而且晚一點再做也不會有太大的影響，一些難度較高的任務又容易打擊人的積極性，大幅降低了自己的期望。

　　李法一直處在糾結中，任務總會被他拖延到最後，怎麼也完成不了。

　　新來的上司為了提升大家的積極性，用獎勵的原則來鼓勵員工進步，完成任務的速度與效率提升就會得到相應的獎金；相反地，若是工作達不到要求，也會有一定的懲處舉措。

　　此外，上司在工作的過程中與員工的交流也多了起來，這樣一來，員工的積極性也大幅提升，與上司之間良好的關係也提升了員工的期望值，從而有了更為充足的前進動力。

　　再次，抵禦周圍的誘惑，減少衝動。

　　當面對隨時可能出現的誘惑時，你的注意力會不自覺地轉移，那些使你變得消極、缺乏動力的東西會大幅增加你的衝動，從而降低行動力。

　　誘惑即是與任務無關卻消耗你注意力的東西。

　　美國著名實業家洛克菲勒（John D. Rockefeller）曾說過：「抵禦誘惑的唯一方法就是遠離誘惑。」對於像李法一樣的員工來說，誘惑不僅僅是娛樂上的誘惑，還有不斷跳到背上的「猴子」，這也算是一種「誘惑」。

　　猴子定律：猴子代表著每個人需要承擔的責任和問題，而突如其來跳到背上的猴子則是別人應該承擔的責任和問題，它們因為一些原因被放到了你的身上，來分散你的注意力。

　　李法在工作的過程中，經常遇到一些來自同事或者他人的打擾，別人想要他幫助解決工作上本可以自己解決的問題，李法礙於情面不得不幫助同事，而且李法有時會承擔培訓新人的任務，那些新人的工作量也會額外落在李法身上。

　　這些東西都是「背上的猴子」，遇到這種情況，優秀的管理者都會選擇避免這種「誘惑」，關鍵是選擇你最關心

的「一隻猴子」，除了這隻「猴子」之外，其他都是「誘惑」，應該加強抵禦，從而減少衝動。

最後，將時間具體化，減少推遲任務的頻率。

「明日復明日，明日何其多」，這句話中的「明日」並不是一個具體的數字，它是無限推遲的以後，對於一些拖延症患者來說，明日就是不復存在的。

據研究表明，將時間具體化會提高一個人的警覺性，比如，下個週末、明天晚上七點鐘或是明年三月一號，這些具體化的時間比下個春天、後年、以後、下一次有時間的激勵強度更高。

從上述的例子可以看出，拖延症不僅使人精神不濟、成就減少、時間浪費，還會讓人情緒失控，只有堅守「立即做」原則，化被動為「主動」，提高個人的期望值，抵禦住周圍的誘惑，將時間具體化，因拖延導致的精力喪失才會減少。

因此，不要拖延，立即做起來！

04 /

列出清單，釋放大腦

　　大型公司每一年都會引進一些新人，這些職場菜鳥們初入公司，大多數在工作上無法做到井井有條，有些甚至會將任務弄得一團糟。在一些經驗豐富的老員工看來，明明就幾項任務，這些後輩們卻像是在打一場大型戰役一樣，硬生生將簡單的幾項任務做出了幾十項任務的感覺。

　　特別是在醫院，實習生們雖然經過充足的準備，熟悉了專業的醫療知識，也大致了解了診療原則，可是他們仍然不能將所有步驟牢記在心，複雜的步驟只要有一步出現了問題，醫生的注意力也會分散。為了減少這方面的失誤，醫院實行了一種「清單法」的歸納方式，在實行了「清單法」之後，重複的問話大幅減少，不僅節省了時間，醫院的效率也大幅提升。

　　不只是在醫院，在媒體行業、建築行業也是如此，列出清單可以避免專注力的分散，減少重複性的操作。

　　據大量研究表明，合理地歸納任務，使用清單法解決問題，會大幅提升專注力。

　　那麼，清單法是什麼呢？清即清理，單即寫要做任務的單子，清單就是一步步清理要做的任務。列清單的方式五花八門，可以按照時間來劃分，也可以按照難度或迫切程度來劃分，如何有效地使用清單法，以下是被廣泛認可的法。

（1）四象限清單法：按照事情的緊張和重要程度來列清單，再根據長期和短期任務的劃分來確定完成順序

　　艾森豪（Dwight D. Eisenhower）曾根據任務的重要程度和時間的緊迫程度提出了「重要性─迫切性模型」，這個模型把任務分成四種類型：

　　重要─迫切任務；

　　重要─非迫切任務；

　　迫切─非重要任務；

　　非迫切─非重要任務。

　　這四個模型即是前文的四象限法則，將四象限法則與清

單法結合可以大幅減少大腦混亂程度，提升專注力。

專欄｜四象限清單法

① 在一張紙上寫出一天要做的事情，並且將事情按
「重要性—迫切性模型」分為四個部分。

② 根據第一象限、第二象限、第三象限、第四象限
的順序開始。

③ 一項一項完成，並在完成項目的後面打勾，使其
更加清晰明瞭，並在中午、晚上、週末、月底、
年底做出總結。

　　有一家醫療器械公司，在它剛剛成立時毫無名氣，但是
在短短一段時間內，它就一躍成為行業內遙遙領先的公司，
這一切都源於公司創始人的良好習慣，他堅定不移地踐行
「四象限清單法」，並且要求公司員工也按照這個方法執行。

　　這家公司之所以能夠取得成功，原因就在於有序性——
任務分配合理、有序，這不僅能減少大腦的專注力損耗，還
能夠降低浪費在尋找下一個目標的時間。

（2）截止時間清單法

每一項任務都有它的截止日期，截止日期的早晚也可以成為確定清單的標準。

創新工廠的創始人李開復，曾在微軟、Google、蘋果等公司擔任要職，他獲得成功的第一要訣就是學會列清單，他最經常使用的便是「年—月—日」、「時—分—秒」等截止時間清單法。

他在管理公司的時候，通常會按照截止日期的早晚來歸納自己的安排，在這個方法上，李開復提出過幾點需要注意的地方。

① 為一個任務設定兩個或兩個以上的截止日期。

比如說李開復九點需要和公司員工開會討論收購合約，他會在八點半和八點四十五分兩個時間段為自己設定一個截止時間，前者叫「初步截止」，後者叫「部分截止」，而九點這個時間則是「完全截止」。

在第一個時間段內，他會處理好大部分手頭上的工作；在第二個時間段內，他會基本完成手頭上的工作，為接下來的會議做準備；在第三個時間段內全部注意力已經放在了會

議上。

這種多次重複的截止時間會提高人們的警覺度，從而讓人們意識到任務的緊迫和重要程度，進而開始完成任務。

② 為長遠計畫保留一段閒置時間，讓突發事件有緩衝的餘地。

比如說公司分派一項出差的任務，需要你在明天下午三點之前到達機場，而你從家到機場需要一個小時，在機場安檢需要半個小時，此時此刻，你千萬不能在一點半的時候出門，一定要提前一段時間出發，這樣出現特殊情況的時候才能有時間來重新規劃。

在實施四象限清單法或截止時間清單法的過程中，你可能會遇到或多或少的問題，比如面臨兩個同樣緊迫重要的事件應該如何抉擇，應不應該同時進行兩項任務？在執行清單任務的過程中，是應該一直全神貫注還是適當放空自己？這些都是我們需要注意的地方。

首先，放空自己並不是時間上的浪費。

一些剛入職的員工經常會讓自己陷入一種不能停下來的

狀態，在完成一項任務後又馬不停蹄地完成另一項任務，很少會讓自己有充足的時間休息，似乎認為休息是極其浪費時間的行為。

而在工作效率高的人看來，適當地放空自己並不是一種時間上的浪費；相反地，它還會讓你以後的工作更高效。

據一項追蹤調查顯示，工作時休息時間的長短會導致專注力的不同，只有短暫休息時間的人在工作中的出錯率大於有適當休息時間的人。

當你感覺到頭昏腦脹，總是東張西望時，或是情緒波動增大時，你可能已經到了一種亞健康的工作狀態了。長時間的用腦會加大一個人的壓力，壓力增大到一定限度時，大腦中激素的分泌就會處於一種失衡的狀態，這時你根本無法做到全神貫注。

下丘腦—垂體—腎上腺軸是神經內分泌系統的重要部分，它可以調節身體的多項活動，發揮協調身體的作用，在高強度、長時間的壓力緊張下，下丘腦—垂體—腎上腺軸就會產生糖皮質激素用以緩解緊張，但是過量的糖皮質激素會導致很多不良反應，比如加重感染、加重胃潰瘍、精神狀態下降等。

心理學家麥斯威爾·馬爾茲（Maxwell Maltz）曾說過：

「成功的法則應該是放鬆而不是緊張。」適當地放鬆自己，會讓自己的大腦有喘息的機會，協調好體內的激素水準，避免不良後果的產生。

其次，啟動單任務模式，避免多工模式。

大量數據表明，同一時間內完成多項任務的效率只有完成單項任務的一半左右，相當於一個人在輕微醉酒時的工作效率。而在工作上，同時做幾件事的員工的業績也遠遠追不上只專注一件事的員工，他們等於比別人多浪費了一段時間，這些觸目驚心的數據帶給我們很大的警醒，對於個人來說，按照清單上一項一項完成任務才是十分高效的。

像一些大型企業的員工，他們在分配工作時，每個人都只會接受單項的任務，在完成之後才會再接受其他的任務，這樣的工作分配比一股腦全部分配下去更為高效。

啟動單任務模式，避免多工模式已是公認的完成清單的重要環節，它不僅會降低焦慮感，還可以減少時間的消耗。

最後，堅持如一，減少中途改變目標的頻率。

據一項研究顯示，員工工作時被電子產品打斷的頻率一小時高達二十三次，浪費在手機或電腦上的時間多達十六

分鐘，也就是說，一個員工在一小時的工作中會經常改變目標，從手機跳到工作，從工作跳到電腦，這個過程嚴重浪費了專注力。

因此，做到堅持執行任務，不中途跳轉目標至關重要。

四象限清單法與截止時間清單法都是非常不錯的選擇，在執行清單的過程中，合理地放空自己並不是浪費，而是一種解壓方式，單任務模式能夠讓我們更加專注，堅定目標也讓我們減少專注力的損耗。

所以，嘗試一下清單法，你可能會有意想不到的收穫。

05/

「長睡」與「小憩」，管理你的睡眠

　　在一天二十四小時內，睡眠通常占了三分之一時間，不可否認睡眠是一天中最重要的事情之一，但是在節奏感極快的現代社會，睡眠卻被排在了工作、學習、玩樂之後，「半夜十二點，夜生活才剛剛開始」，這句玩笑似的話足以描繪出大部分人有不良的睡眠習慣。

　　據調查顯示，成年人出現睡眠障礙的比例達到了 30％左右，隨著網路的普及，這個數據還在持續增高，甚至在青少年與兒童中，出現睡眠障礙的比例也持日漸上升趨勢。

　　睡眠不足、不規律的睡眠以及嗜睡這些睡眠障礙的表現引起了社會廣泛的關注，因為這些問題導致的身心健康問題，如專注力下降，自制力降低，心腦血管疾病等也越來越引起人們的重視。

　　其中，專注力下降是我們工作和學習最大的攔路虎。那麼，如何提高自己的專注力？改善睡眠狀況是最基本的應對措施。

　　那究竟什麼是睡眠，如何養成健康的睡眠習慣？接下來我們首先了解一下睡眠的基本知識。

　　睡眠分為快波睡眠與慢波睡眠。快波睡眠時各種感覺和軀體運動功能減退，還可有間斷性的陣發性表現：如出現快速動眼、血壓升高、呼吸和心跳加快等表現。做夢也是此階段的一個特徵。慢波睡眠時各種反應減慢，但是生長激素分泌增加，慢波睡眠有利於生長發育與體力恢復，美國威斯康辛州立大學的神經病理學家及精神病學家托諾尼（Giulio Tononi）在《自然》（Nature）雜誌上發表的文章中說，大腦中那些在清醒時需要忙碌學習新技能的部分需要更長時間的慢波睡眠，可以說合理的慢波睡眠是緩解疲勞的重中之重。

　　慢波睡眠分為以下四個階段：

　　第一階段（入睡階段）：從清醒到逐漸入睡的過程，這期間容易被外界聲音干擾。

　　第二階段（淺睡階段）：輕度睡眠的過程，這期間不易被喚醒，是身體放鬆、呼吸心率減慢的過程。

　　第三階段（深睡階段）：感覺功能降低，不易被喚醒，

通常如果在這個階段被喚醒了，感覺功能與記憶功能會遲
鈍，表現為起床困難，頭昏腦脹，肢體麻痺。

　　第四階段（延續深睡階段）：第三階段的延伸，睡眠品
質差的人很難到達這個階段。

　　了解這四個階段之後，我們對睡眠就有了初步的認識，
而養成良好的睡眠習慣應該從這四個階段入手，改善這四個
階段的「分睡眠」品質會大幅提升「總睡眠」品質。

　　第一步，縮短第一階段入睡時間，快速進入睡眠。
　　① 睡前遠離咖啡等刺激性食物飲料，遠離電腦和手機。
　　前一天的睡眠不足會導致第二天的精神萎靡，因此人
們不得不使用一些提神醒腦的功能性飲料來增加活力，但隨
之帶來的神經興奮又常導致人們晚上無法入睡，如此惡性循
環，睡眠障礙的出現頻率會越來越高。

　　避免這種惡性循環最好的方式就是在睡前遠離咖啡等刺
激性飲料，讓大腦處於「低活躍」狀態，這樣大腦的腦電波
到達入睡狀態頻率的時間將會大幅減少。

　　同樣，電腦與手機也是如此，螢幕上的圖像與聲音不斷
刺激人的視覺與聽覺，導致大腦仍舊處於高度繁忙狀態，而

這種狀態與入睡狀態之間的差異值過大，需要長時間的調整才可以使大腦處於入睡狀態。

② 選擇合適的窗簾與枕頭。

大量數據表明，不同的顏色不僅能給予大腦視覺上不同的衝擊，對於身體狀態的調整也截然不同。比如，紅色是最強勁的顏色，容易刺激大腦，看久了會提高興奮性，並且難以平復；綠色代表安全平靜，讓人有煥然一新的感覺；黃色會提高人的警惕性，讓人處於一種戒備的狀態。

因此，要選擇顏色合適的窗簾，並且選擇遮光的窗簾，因為黑暗會讓大腦松果體分泌褪黑激素，從而促進人體快速進入睡眠狀態。

此外，從統計數據來看，全世界約六億失眠者中接近三分之一的人是因為選擇了不恰當的枕頭所致。

你是否經常落枕？是否在睡覺時打呼？或者是一覺睡醒眼睛浮腫，全身上下酸痛？這種種跡象都表明你用的枕頭不適合你。

合適的枕頭高度應該根據自己的睡姿來選擇，為了避免有效循環血流量降低，仰睡的枕頭高度應該比側睡略高。如果容易失眠的話，就應該盡量使用軟硬合適的枕頭，最好不

要使用那些帶有香味的枕頭。

需要注意的是，為了良好的睡眠，一定要及時更換。

第二步，養成合理的小憩習慣。

對於小憩，一些研究機構都給出了相同的結論，適當的小憩可以增強專注力，提高生產力。某些公司，如 Google 等科技公司都為員工準備了午休室，一般午睡之後的員工的專注度、記憶力與做事速度都大幅超過了未午睡的員工。

班傑明・富蘭克林（Benjamin Franklin）每天中午都會用一個固定的時間段小憩，在這段時間內哪怕他在做任何事都會立刻停下，然後在躺椅或者床上睡覺，期間任何人都不能打擾他。有些因此拜訪被拒的人曾認為，富蘭克林這種做法會導致靈感丟失，富蘭克林卻反駁道，固定時間的小憩不僅沒有讓他靈感丟失，反而讓他的腦中多出更多的想法。

一般上班族的小憩都在半個小時以內，這個時間剛好可以到達第一階段或第二階段的睡眠狀態，是身體放鬆的最佳睡眠狀態；若是時間過長，進入到深層睡眠的狀態，這時候醒來，你可能會頭昏腦脹，身體疲憊，需要多躺一段時間才有力氣起床。

因此，合適時間的小憩才有效果，否則將會適得其反。

第三步，規律作息，週末不要睡懶覺。

德國哲學家康德（Immanuel Kant）就是一位嚴格執行規律作息到極致的人，他幼年體弱多病，身體有輕微的殘疾，每當颱風下雨總是容易得病，身體不濟導致的無法專注讓他在學術上沒有太大的突破。

康德在意識到這個問題之後，為了保持自己的身體健康，能夠有更多的時間和精力研究哲學，他制訂了一個極其規律的作息表。每天的四點五十五分是康德的起床時間，僕人收到指令不管他怎樣賴床都要叫他起床，九點到十二點四十五分是固定的寫作時間，康德主義與德國古典哲學的內容寫作都是在這個時間段完成的，晚上十點準時睡覺，並且是沾枕即睡。

康德嚴苛的作息習慣使得他原本羸弱的身體強健起來，也因此讓他順利活到了高齡，更讓他得以順利完成了《純粹理性批判》（*Critique of Pure Reason*）、《實踐理性批判》（*Critique of Practical Reason*）以及《判斷力批判》（*Critique of Judgment*）三部批判巨著。

對於大部分年輕人來說，規律作息帶來的好處是即刻顯現的。按時起床按時睡覺一段時間之後，整個人都會容光煥

發，精力也可以大幅增強。獲得如此顯而易見效果的原因便是合理控制了「睡眠動力」。

睡眠動力就是大腦產生之驅動人們睡覺的動力，它與兩個因素有關：一是生理時鐘，即是身體內由激素調節的周期性行為，比如說夜晚分泌大量褪黑激素來促進人體睡眠；二是睡眠時長，一般正常人的睡眠時間是八個小時，若是你沒有達到這個時間，睡眠動力就會增強，你想睡覺的衝動就會大幅提升，俗稱「補眠」。

當然，若是你睡覺的時間過長，比如說你週日的上午九點到中午十二點都在睡覺，第二天的同樣時間段，你的睡眠動力就會再一次發揮作用，它會不斷地提醒你，現在還是睡覺的時段。

正因為如此，只有確保規律的睡眠，你的睡眠動力才會在規定的時間出現，來幫助你更快地進入睡眠狀態，而若是睡眠不規律，睡眠動力就會時時刻刻侵襲你的大腦神經，導致你一整天都昏昏欲睡。

所以，維持規律的睡眠是保持專注力不可或缺的要素。

06/

拒絕他人，贏回輕鬆

作家畢淑敏曾說過，拒絕是一種權利，就像生存是一種權利。

在生活中，我們總會遇到一些自己不願意做的事情，當面對這些事情時，有些人會堅定地拒絕，有些人卻是猶豫不決，唯恐拒絕後會帶給別人誤會和麻煩，字斟句酌良久才猶猶豫豫地答應。自然做事時是不情不願，最後不僅自己的情緒受到影響，時間也被浪費了。

更重要的是，自己的注意力也會因此而呈現出一種斷崖式下降狀態，原本專心致志的大腦被突如其來的干擾打亂，那些注意力被分散出去，想要重新聚焦起來還需要一段時間。

那如何才能學會拒絕，勇敢說「不」呢？大量研究表

明，人之所以害怕拒絕是源於自己內心的「被依賴感」和
「滿足感」。

　　曉月是一位工作繁忙的公司職員，每天回家已經是疲
憊不堪，她卻還要再完成一個任務，就是幫助自己的朋友拉
票、寫東西。

　　曉月的朋友是一家保險機構的員工，她們公司有一項任
務就是每週票選出最佳員工，所以朋友總是找她幫忙，希望
能用她的人脈來幫助她拉更多的票。曉月每週都要抽時間來
為她轉發訊息給社群媒體上的朋友，這種情況經常發生。不
僅如此，因為曉月文筆很好，有些朋友還會求她幫忙寫一些
演講稿、宣傳文案之類的。

　　曉月很想拒絕，卻害怕朋友會因此不高興，最終她犧牲
了自己的休息時間，也導致她的精力因睡眠不足而降低。

　　曉月無法拒絕他人的原因有很多，害怕朋友會因此疏遠
自己，太過擔心自己在別人眼中的形象，沒有讓別人明白自
己的底線，這種種原因都是源於自己內心的「被依賴感」與
「滿足感」。

　　當對方用「求求你了」和「這件事只有你能夠幫我」這
種語氣來懇求你時，你的心理會產生一種「被依賴感」，你
會認為這是對自己能力認可的一種體現，是自己不可或缺的

一種證明。

如果拒絕，你可能會質疑自己的能力，甚至懷疑若是沒有答應別人的要求，別人會不會因此疏遠自己，這種情況正是把「別人口中的自己」當成「實際的自己」。

那麼，該如何避免被別人的看法困擾呢？

（1）堅持獨立的自己，認真考慮別人的看法是否正確，而不是直接接納

米開朗基羅（Michelangelo）是義大利文藝復興時期偉大的畫家、雕塑家、建築師與詩人，與拉斐爾（Raffaello Santi）和達文西（Leonardo da Vinci）並稱為文藝復興後三傑，就是這樣一位舉世聞名的大師有時候也會不可避免地被別人的看法影響。

米開朗基羅人生中最出色的其中一項作品便是大衛雕像，很多人都知道那個體態強健、肌肉豐滿、栩栩如生的裸體雕像，卻很少有人知道它背後的故事。用來雕刻大衛的大理石曾輾轉經過幾人之手，被雕刻成了一個大致形狀。因為這個大理石價格昂貴，經過千挑萬選，費了很大精力才從卡拉拉運到佛羅倫斯，但是它被雕刻成的雛形很難再次創作，很多人都勸米開朗基羅放棄，認為他選擇接手是異想天開。

　　米開朗基羅也曾被別人的看法困擾，可是當他仔細觀測這塊大理石質地與形狀之後，最終力排眾議決定使用這塊石頭。若是當時他聽從了別人的建議放棄這塊石頭，恐怕以後再也找不到這樣完美的大理石了。最終，震撼了千萬人的大衛雕像就此誕生。

　　巴菲特曾說過，把別人的評論當作無足輕重的事吧。這倒不是要你徹底不在乎別人的看法，而是不要太過在意別人的評價，取悅每一個人的代價便是失去自己人格的獨立性。

（2）意識到說「不」是一件十分正常的事情

　　我們從小被教育要樂於助人，很多家長經常告誡孩子不要讓別人難堪，拒絕別人可能會使別人下不了台，這樣的行為是非常不禮貌的，而「多個朋友好辦事」的思維又更進一步地讓人們無法開口拒絕朋友。

　　所以，很多人在拒絕別人的時候會感覺到難為情，扭扭捏捏半天後也沒有說出明確拒絕的話，最後又不明不白地答應了，而導致這一切的根本原因便是沒有意識到拒絕他人是一件很正常的事情，甚至一個不會拒絕的人反而很可能會沒有真正的朋友。

　　我曾經看過這樣一個故事，一個年輕人十分擅長寫劇本，他經常幫助自己的朋友寫公司年會、酒會上表演的情境劇，也因此獲得了朋友們的一致好評。但有一天他的祖父因病去世，這突如其來的打擊讓他提不起精神來，而恰在此時，一個非常要好的朋友希望他能幫忙寫一個喜劇劇本。

　　這個年輕人猶豫了很久也沒有回覆一個「不」字，最後還是為他寫了一個劇本，而事情的結果並不是朋友對他心懷感激，而是朋友哪怕在知道他的祖父去世的消息後，也並沒有第一時間慰問年輕人，反而漸漸與他斷了聯繫。

　　很多人都會納悶，明明這個年輕人幫朋友完成了任務，為什麼朋友還與他斷了聯繫？其實，事實便是朋友承受不起這樣的幫助。這幫助太過沉重，導致朋友也無法負擔。這位年輕人的問題就在於他並沒有意識到一份關係是建立在平等的條件下才能持續的，單方面的付出會使天秤向一端傾斜，終會因為失去平衡而轟然倒塌。

　　拒絕他人其實是一件很正常的事情，真正的朋友並不會因此而疏遠，萍水相逢之人只需要在力所能及的範圍內幫忙即可，如果覺得拒絕別人是一件非常難為情的事情，長久以往，自己的注意力也會放在別人身上，而不是自己身上。

　　特別是當對方提出了讓自己十分為難的要求時，最好的

方式就是明確地表示自己做不到，如果逞強答應，其實是對
自己和對方的不負責。

（3）根據事情的優先順序來確定是否拒絕

在朋友遇到非常緊急的事情時，應該優先考慮幫助；
當朋友的事情並不是十分緊急，恰好自己有非常重要的事情
時，應該優先考慮拒絕；當遇到朋友和自己的事情都不是十
分重要時，可以聽從內心的真實想法。

如何拒絕別人且不讓對方反感，也需要運用合理的說話
方式。

首先，「讓我想一下」這句話適用於所有的拒絕開頭。
在別人請求幫助時如果找不到合適的方式立刻拒絕，這句話
是最佳的開場白。

其次，對於一個害怕拒絕別人的人來說，傳訊息拒絕比
當面拒絕更容易辦到。為了避免面對面難以拒絕，可以採取
事後傳訊息拒絕的方式，在下一次見面時，可以選擇輕描淡
寫地帶過這個話題，這樣也不會過於尷尬。

最後，使用肢體語言讓別人知難而退。當你的臉上露出
明顯的猶豫為難的神情時，有自知之明的人都會選擇終止請
求，如果別人仍然沒有結束的意思，此舉可以讓別人心中有

一個準備，作為你拒絕的前奏。

在實際應用中，直接委婉地拒絕更為有效。當一起工作的同事提出想讓你幫他分擔工作任務時，你應該弱化自己的能力，比如說：「不好意思，我這裡忙得不可開交，你這問題我也解決不了，還有好幾個問題想請教你呢。」

而當面對親朋好友介紹相親對象給你，你又不願意時，你應該提升自己的境界表達。比如說：「現在社會不一樣了，正是先立業後成家的時候，我要去打拚一番事業。」

要注意的是，在面對朋友找你做一些違背法律的事情時，不要心存僥倖，直接乾脆地拒絕，若是被人糾纏不休，就保持沉默，千萬不能因為一時心軟而做出讓自己後悔終生的事。

意識到拒絕他人是一件十分正常的事情，是勇敢說「不」的關鍵，意識到拒絕其實並不會讓自己受到排斥是學會拒絕的前提，只有這樣，我們的精力才不會被大大小小突如其來的事情干擾，高速運轉的大腦也不會因為雜事而突然被干擾，工作效率才能維持在較高的水準。

所以，勇敢說「不」吧。

－精力管理－
關鍵指南

● 在追求目標的過程中，意識到自己的能力究竟處在怎樣
  的水準，對制訂合理的計畫是至關重要的。我們可以根
  據自身狀況預估專注力水準的極限值，從而好好地調節
  與控制專注力水準的高低。

● 凡事都有輕重緩急，只有分清事項的主次後再一一完
  成，工作上才不會那麼被動。「四象限法則」是公認最有
  效的時間管理法之一。

● 將時間具體化會提高一個人的警覺性，比如，下個週末、
  明天晚上七點或明年三月一號，這些具體化的時間比下個
  春天、後年、以後、下一次有時間的激勵強度更高。

● 將四象限法則與清單法相結合可以大幅減少大腦混亂程
  度，提高專注力。在執行清單的過程中，合理地放空自
  己並不是浪費，而是一種解壓方式。

● 專注力下降是我們工作和學習最大的攔路虎。改善睡眠
  狀況是最基本的應對措施。規律作息帶來的好處是即刻
  顯現的，獲得如此顯而易見收穫的原因便是合理控制了
  「睡眠動力」。

"

第三章

專注才是核心競爭力

01

找到自己的遠大目標，
「逆推法」找到當下目標

　　很多人都知道大衛‧沙諾夫（David Sarnoff）是第一位出任美國無線電台台長的猶太人，他為美國無線電和電視事業貢獻出巨大的力量，被人稱作「美國無線電廣播之父」。在美國，人人都敬佩他曾獲得過的成就，而他為了一個目標付出幾十年艱苦卓絕努力的事蹟，直至今日依然被人們津津樂道。

　　沙諾夫幼時家境貧寒，很早就出來工作養家活口。在他第一次接觸到電報行業的時候，沙諾夫就立下了一個遠大目標：成為電報業的領軍人物。

　　為了實現這個遠大目標，他制訂了一系列當下目標。

第一階段，他選擇在一家電報公司當雜工，並在此期間努力向同事請教電報知識，最後發奮圖強當上了電報員，還報導了當時「鐵達尼號」的沉沒事故，也因此名氣日益漸增，第一階段目標（進入電報業）完成。

第二階段，他決心當上一家電報店的老闆，為了實現這個目標，他選擇另闢蹊徑，使用先進的民用科技試製了「收音機」，並一舉獲得成功，他也因此被委任為美國無線電公司的總經理。

最後一階段，他意識到了科技的重要性，於是先創辦了科技研發部門，在研究出電視技術之後試驗創辦了國家廣播電視台，並應用於紐約世界博覽會，也因此成為行業的領軍人物。

縱觀沙諾夫對遠大目標的規劃，不難看出，他將遠大目標拆分成三個當下目標，正是因為不出紕漏地完成了所有當下目標，遠大目標才得以完成。

在沙諾夫任職期間，一位朋友的親戚也希望在電信業謀得一個職位，當沙諾夫問她想要做什麼工作時，那個人回答「隨便」，沙諾夫嚴苛地告誡她這世界上沒有一項工作叫隨便，他以自己舉例，成功的道路正是目標鋪出來的，是每日

計畫、每週計畫、每年計畫一步步走出來的，人生目標沒有隨便這一個詞。

那位朋友的親戚聽後羞愧不已，她認真聽取了沙諾夫的意見，踏實工作，最終獲得成功，這個人就是後來的羅斯福總統夫人，她主導起草了《世界人權宣言》，在美國歷史上留下了濃墨重彩的一筆。

許多做出卓越成就的偉人都認同，目標是一步一步完成的，只有完成當下目標，才能實現遠大目標。

在精力方面，擁有一個明確的目標也能減少精力無謂的損耗。那麼，如何才能找到自己的遠大目標和當下目標呢？接下來我們將探討在全世界受到廣泛認可的 SMART 原則。

SMART 原則是為了利於員工更加明確高效地工作，後來也用於目標規劃。在 SMART 原則中，S（Specific）即明確的、具體的；M（Measurable）即可衡量的；A（Attainable）即可達到的；R（Relevant）即有關聯性的；T（Time-bound）即有時間限制的。

如果你還在為遲遲找不到任何目標而苦惱，這個原則能夠使你的想法具體化，讓你早日找到適合自己的目標。

S：目標要明確具體

當有人問起你的目標時，你可能會說「我想要賺大錢」、「我想要人生幸福美滿」，或是「我想要在一年內升職加薪」、「我想要夫妻和睦，每天回家能夠有一頓熱氣騰騰的晚餐。」

其中，前面「賺大錢」和「幸福美滿」都屬於籠統模糊的目標，後面的則較為明確具體。哈佛大學曾經做過一項測試，測試將一群能力相仿的年輕人分為兩組，兩組成員都需要寫出一週的計畫，區別是第一組寫出的計畫必須十分具體，第二組的計畫只需要一個大概方向即可，結果一週後，第一組的計畫完成率比第二組高出了 29%。

哈佛大學得出來一項結論，具體目標比籠統目標更能增強人的行動力，一般有著具體目標的人會擁有更高的專注力。

因為明確具體的目標相當於為自己指明了方向，在實現它的過程中我們很少會停下來思索下一步該怎麼做，從而減少注意力分散。而籠統模糊的目標就像是讓自己處於黑暗的環境中，每走一步都得小心翼翼，避免出錯。

M：是否達成目標，需要可以衡量的標準

可以衡量的標準最直觀的方式是用數字來說話，比如你的薪資比別人高 20％，你的能力排名在公司前 20％ 以內，或是你用於完成任務的時間降低到兩小時以內。

這樣表達會更為明確清晰，不知道大家有沒有聽說過 PIP 制度，全名 Performance Improvement Plan，即績效提升計畫，這種計畫是國外大多數公司實行的一種方案，用於公司員工的人事變動。

比如亞馬遜等公司每年會有兩次這樣的績效評估，那些評估後排在最後 10％ 的員工都有可能被炒魷魚。這些員工會有三個月時間來提高自己的績效，正是因為這項可以衡量的制度，員工才會盡自己最大的努力來提高績效，因為這個標準很固定，所以目標是否達成一目了然。

A：要找一個可以實現的目標

有句經典的諺語說，對於一艘盲目航行的船來說，所有的風都是逆風。確實，如果沒有一個可以實現的目標，那麼觸目可及的都是障礙。

比如說一個沒有表演天賦的人非要去演戲，首先走位、台詞、表情功底都是障礙，其次沒有足夠的人脈也將成為不

小的挑戰。當然如果真的想在這方面做出成就，那麼就應該將這個遙不可及的目標轉化成可以實現的目標，比如報名參加培訓班學習等等。除此之外工作上也是如此，如果你想當領導者，你就需要比你職位高一級的人更優秀，在工作能力與為人處世上超過他，這樣的目標才是可以實現的。

R：需要找一個有關聯性的目標

在心腦血管科室裡，當病人的一條或多條冠狀動脈因動脈粥狀硬化導致血流不暢時，醫生會建議採取心臟繞道手術，在這個過程中需要用到藥物洗脫支架。

一些大型的醫藥公司負責這種支架的生產，製作這種支架的通常是一些流水線的工人，他們在長時間做一件枯燥無味的工作時，很多人都產生了倦怠心理，公司上層發現成品的合格率一直不高，他們思來想去，最後決定製作一個關於心臟繞道手術的影片給工人觀看。

工人在觀看影片之後，才意識到原來自己每日所做的看似普通的產品竟然發揮了這麼大的作用，從那以後，產品的合格率大幅提升，有時甚至能達到百分之百。

當自己製作的產品關係到用來救人性命時，這種前所未有的自己工作的內容與救人性命之間的關聯感使得工人們在

完成工作目標時更為專注。大部分時候，關聯感才是提升工作與學習動力最關鍵的因素。

Ｔ：目標需要有時間限制

目標的設定應該要有時間限制，比如說我將要在三個月後完成一項工作項目，這三個月就是一個時間限制，如果將具體的時間限制改為不久的將來，那麼在過去一段時間之後，這個時間限制還是不久的將來，這樣的話，這個時間限制就沒有了意義，所以時間限制應該越具體越好，能具體到小時就不要具體到日。

目標分為遠大目標和當下目標，兩者之間還有很長的一段距離，當確定了自己的遠大目標和當下目標之後，如何才能走好這之間的每一步呢？

事實證明，做「選擇題」才能更有效地確定一步步目標。

在工作時，你是否會覺得腦子一團糟，經常不知道接下來應該做什麼？或者是腦子裡明明有一團想法，卻發現不知道先做哪一個？此時最好的方式便是做一道選擇題。

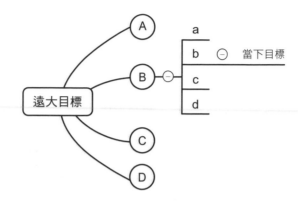

如圖所示，首先，當你確定遠大目標之後，先根據前文講述的 **SMART** 原則來找出實現遠大目標的幾種途徑，這幾種途徑即為 **ABCD** 四個選項。

比如，你想在半年內薪資上升為現在的一點五倍，此時你有四種途徑：A 是在本職工作內大放異彩；B 是尋求一個兼職；C 是跳槽到另一家公司；D 是自主創業。

其次，選擇最符合自我標準的一條路徑。

比如你選擇了 B 選項，那麼如何才能尋求一個兼職？這時又出現了幾個選擇題：a 是網路兼差；b 是現實中再多做一項工作，依此類推。

最後，一步一步「逆推」，直到發現最易上手的那個「當下目標」。

列出選擇題選項相當於將自己的行為具體化，在這個過程中你會對自己的目標有更清楚的認識。當然，該選擇題可以是多選也可以是單選，最重要的是這些選項最終都是一步一步指向當下目標，而這個目標就是你即刻行動的第一步。

02 /

採用「細分法」細分目標

　　根據本章第一節的內容，我們大致可以根據 SMART 原則找到自己的遠大目標和當下目標。那麼問題又來了，在面對找到的目標時，有人會感覺腦子如一團亂麻，有人經常會出現手足無措的情況，有人甚至會因為不知道先做什麼而推翻之前的目標，此刻一大堆的疑問就湧現出來了。

　　我們應該在什麼時候開始？什麼地點適合我們開啟計畫？如何更加詳細地列出目標的內容？更重要的是我們應該用何種方式來實現自己的目標？

　　「細分法」是公認最有效的整理思路方式，以目標為例，可以細分為時間、地點、內容、方式四種，接下來本節將一一介紹。

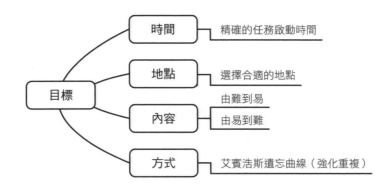

（1）細分目標的時間

　　不知道大家是否看過一張曾在網路廣為流傳的清華學霸一週計畫表，這張週計畫表被精細地分為二十個部分，包括每一天的上課時間以及課後的總結計畫完成情況，甚至還有對生活狀態的評價，計畫完成的時間被嚴格地規劃到分。

　　大多數人在看到這張計畫表時都會感嘆一番，有人甚至還模仿這張計畫表來擬訂自己的計畫，可是一天兩天還好，時間一長，這種方法的弊端就漸漸顯露出來。因為對於普通人來說，幾乎沒有人能夠嚴格地按照自己擬訂的計畫完成一天的生活。

　　一旦無法執行的次數多了之後，這張計畫表也只能被擱置在一邊了，這種過於苛刻的細分目標時間法在現實生活中，很少有人可以堅持。

那怎樣才能好好地細分目標時間，制訂一份合理的計畫表呢？

首先，你要明白這種意義上的時間，指的是計畫的啟動時間，不是整個計畫需要的時間。

如果你要完成一項工作任務，那麼你就得為自己規劃任務的啟動時間，通常這個任務的啟動時間才是重中之重，它意味著你真正準備投入精力在這項任務中，就像騎一輛腳踏車，在最初時你需要把握腳踏車的平衡，一旦上路之後，在沒有其他意外的情況下，你只需要踩腳踏板保持動力即可讓腳踏車前進，而維持腳踏車的平衡已不需要像最開始那樣耗費過多的精力。

細分目標的時間也是如此，只有任務的啟動時間越精確，最好精確到幾時幾分，這樣專注力才會在很短的時間聚集在一起，用來為開啟任務所用。

加拿大卡爾頓大學拖延心理學研究小組提出一種「五分鐘起步法」，這個方法可以用於計畫啟動時間的前五分鐘。

研究小組發現大多數拖延症患者都有一種錯覺，他們認為只有扭轉了態度，才能在行動上有所改變。但是據研究表明，這種看法存在因果置換的錯誤，即其實是先開始行動，

態度才會有所改變，因為在行動之後會出現一種慣性，而這種慣性會推著你向前。

　　所以在計畫開始之前我們如果想放棄，不妨告訴自己先做五分鐘，五分鐘之後再做打算，後來你會發現，當你真正地投入專注力之後，這五分鐘也不自覺地延長了。

　　（2）細分目標的地點

　　李利是一位自由撰稿人，除了寫稿之外，有時還會參加網路課程充實自己，可是在家待的時間長了之後，他寫稿的效率越來越低，每次都無法集中注意力，甚至到了一天也寫不出幾百字的程度。

　　李利十分沮喪，在詳細地與朋友探討之後，他才意識到自己的問題所在。他的朋友也是一位自由撰稿人，可是工作完成度卻比李利出色許多。朋友告訴李利他專注力高的原因便是「在什麼地點做什麼事」。

　　原來，李利因為職業的緣故，工作地點較自由，總是在家中工作，但是在家中不僅有時會有突然到訪的水電工，還會受到家人不經意的打擾，更重要的是，他經常躺在床上工作，正是因為這麼多的干擾因素，他的效率越來越低。

　　前文提到，睡眠會有一種「記憶」，柔軟的床就會加速這種「記憶」對大腦的侵襲，如果你在床上躺久了，哪怕並不是十分想睡覺，也會不自覺地進入夢鄉。

　　每一種地點和場景都有它的「記憶」，在辦公桌上進入工作狀態的速度會比在飯桌上迅速，躺在地板上進入睡眠的時間也大幅慢於躺在床上進入睡眠的時間，所以選擇合適的地點對於目標的完成來說十分重要。

　　李利在選擇了合適的辦公地點之後，任務的完成度也大幅提升了。

（3）細分目標的內容
① 由難到易劃分。

　　這種劃分方式通常適用於已有一定基礎的任務，比如你原先曾經完成過與這種任務類似的工作，已經知曉了這種工作存在的難點和容易攻克的地方，而且此時這種任務有一個臨近的截止日期，那麼你不妨先從難度較高的部分開啟。

　　據研究表明，在完成一項難度較高的任務之後，大腦會分泌一定的興奮物質，此時再繼續完成難度較低的任務，所需要的時間比平時要少。

　　但這種方式最大的問題是若一開始就攻克不了，那對人

們的專注度也是一大考驗。

② **由易到難劃分。**

這種劃分方式通常用於接觸一項新事物，比如你想學會攝影這項技能，就要從最簡單的構圖、調色開始，從身邊的事物開始攝影，不能一開始就想挑戰高難度的拍攝技巧，因為這些意味著需要花費大量的人力、物力，若是連基本技法都不能掌握，這些都將會是無用功。

而這種方式最大的問題是基礎工作通常都很枯燥，如果耐不住重複的操作過程，那麼接下來的高難度工作也將無法進行。

這兩種內容劃分的方式各有利弊，總而言之，應該根據自己的實際情況和個人能力來確定是由難到易劃分還是由易到難劃分。

（4）細分完成目標的方式

在確定了目標的時間、地點、內容之後，完成目標的計畫可以開始啟動了。可是通常在完成目標的過程中我們會遇到一些障礙，比如當你在使用電腦繪圖時經常忘了操作的流程，或者明明之前已經完成過的工作，但之後在遇到類似的

情況時竟然又不知所措，這樣不僅會導致無法專注，還會因此花費過多的時間從頭開始。

研究表明，良好的記憶力可以讓人更加專注，而一個記憶力不好的人經常會因為忘記一些事而無法持續專注事情本身。

因此在完成目標時有一種比較受人認同的方式──強化重複，這樣會提高自己的記憶力，從而提高專注力。

德國心理學家艾賓浩斯（Hermann Ebbinghaus）透過研究大腦對事物的遺忘規律繪製出了遺忘曲線（見 116 頁）。他認為，根據這個曲線來合理分配強化重複的頻率，可以大幅提升人的記憶能力。

從該曲線中可以看出，在二十分鐘、一小時、一天遺忘速度最快，特別是在一天之後，遺忘率高達 66.3％，那麼只要我們在記憶遺忘的時刻反覆記憶，就可以避免過多的記憶遺忘。

當學習了一項新鮮事物，在一天之後及時複習最為有效，當你的記憶力提高之後，專注力也會隨之增強，這樣才能更快地完成目標。

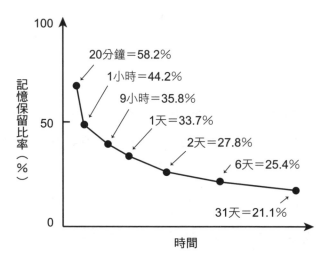

艾賓浩斯遺忘曲線

03

深層次處理「單項任務」，
總體化處理「多項任務」

　　我的朋友胡全是一名證券工作人員，他每天的工作任務繁多，不僅要進行證券交易和提供金融諮詢服務，還要負責幫助投資者購買證券等業務。他的日常工作狀態經常是：在他與客戶進行溝通時，他會突然接到電話或訊息，要他馬上進行一些業務變更。當他遇到這樣的狀況後，他就會變得坐立不安，一方面面前的客戶不能不理，不能就此放下眼前的工作，一方面又不得不及時去處理另一邊的業務。

　　在工作中，如果同時出現多項任務，我們經常會有一種手忙腳亂的感覺。比如上司催著要開會，但自己手頭上尚有沒處理完的工作，還有一些等待回覆的電子郵件，這麼多需要及時處理的任務經常會讓人陷入兩難的境地，是考慮先開

會再完成工作？還是一邊開會一邊回覆電子郵件？這個問題不僅困擾著胡全，也是大多數人所糾結的。

16 世紀的義大利博學家德拉・波爾塔（Giacomo della Porta）曾經做過一項挑戰，當他的手上有很多需要處理的工作時，為了節省時間以及提高工作效率，他決定試著用兩隻眼睛看不同的書，他認為這樣會得到雙倍的知識，但是結局大家能夠想到，他理所當然地失敗了。

從這個挑戰開始，一些神經學家又做了大量的實驗，最終他們發現了一個叫「雙眼競爭」的現象，當人的左眼和右眼看不同事物時，大腦根本無法處理兩種圖像，只有雙眼看向同一事物時，大腦才能準確地將兩種場面合二為一。

理論上來說，雙手、雙耳、雙腿也是同樣的道理，對於普通人來說，我們無法用左手打字、右手寫字，也無法左耳聽清英語、右耳聽清中文，因為歸根結底，這些指令都要傳送到人的大腦，而大腦無法有效處理多項任務，畢竟人的注意力在集中於單項任務處理的時候，大腦才會發揮出最大的作用。

通常我們工作時，經常在單項任務與多項任務之間轉換，導致這種情況出現最主要的一項原因是，我們經常在手

頭的任務沒有做完的情況下就著急進行下一項，而進行下一項任務時又惦記著上一項任務，由此導致注意力下降到極低的水準。

如何才能減少這種情況的發生？經過大量研究發現，GTD 理論非常適用於這種情況。應用 GTD 理論時有幾點需要注意的地方：

專欄｜ GTD 理論

GTD 理論是 Getting Things Done 的縮寫，意思就是將事情做完。

大多數人在單項任務與多項任務之間切換頻繁，主要就是因為手頭上的任務都做了一半甚至更少，基本上沒有全部完成的任務，而 GTD 理論就能很好地解決這一種困境。

GTD 理論指出，做任何事都應遵循五個基本原則，即收集、整理、組織、回顧、執行。現在以前文胡全一天的工作為例分析：

收集：收集一天在工作上與生活上有多少任務要

完成。胡全先確定自己需要面談的客戶以及要溝通的工作，還有生活上的事情。

　　整理：整理每一件任務所需的地點、時間、方式等，以及身邊需要及時補充的東西，比如與客戶 A 在地點 B 時間 C 做工作 D 等。

　　組織：把能做的事情做出一個計畫，並將它們分類，判斷事情的輕重緩急。

　　回顧：檢查一下還有沒有遺漏的地方。

　　執行：找到要做的第一步（在遠大目標與當下目標中曾提及）。

　　① 確保第一步收集資訊沒有遺漏，此處的資訊應該事無巨細，不僅是工作上的事，還有生活上的事，即使是瑣事也應該一字不漏地記下來。比如簽訂一項合約，把家裡壞掉的燈泡換掉等。

　　② 關注「順路效應」，比如你在開車去上班的路上，若是時間充裕，可以順路去超市買一些生活用品。對於工作也是如此，當你要去和上司溝通手頭工作時，最好將所有事情一次性說完，避免屢次打擾別人。

③ 根據「重要—緊急象限」或者「難易程度」判斷事情的先後順序，其中還可以分為「自己做」與「別人做」兩種情況，將兩種情況用不同印記標記。

在了解 GTD 理論之後，我們發現，在第一步收集的任務中，那一條條列出來的就是「單項任務」，而那一頁紙寫出來的所有任務就是「多項任務」，兩者之間密不可分。而我們在一個時間段內只能完成單項任務，只有一個個單項任務完成後，多項任務才能得以解決。

不僅如此，單項任務和多項任務還可以從宏觀來看，比如說自己的本職工作可以算作單項任務，而如何平衡工作與生活也可以算作多項任務。

那兩種之間應該如何合理地協調呢？

據大量研究表明，單項任務需要「深層次處理」，多項任務需要「總體化處理」，用具體一點的比喻就是你需要打一口水井，首先你要安排勘測地形，需要採購適當的設備等，你需要合理地調度你手下的工人，調度的過程就是多項任務的「總體化處理」，但是在找到合適的出水點之後，你只要往下挖即可，這就是單項任務的「深層次處理」。

（1）深層次處理「單項任務」

所謂深層次處理單項任務，本質就是將任務做精，比如你需要生產一種產品，此刻你就不能僅僅滿足於將它做完，只是交出一份及格的答案就好，而是需要提高產品的核心競爭力，如品質要高於同類的其他產品，價格要合理，利潤要適度。如果產品本身已經處於遙遙領先的地位，那麼就要比之前自己做出的產品更好。

例如，之後胡全在面對一個客戶時，就完全以客戶為中心，了解他全方位包括親朋好友的需求，不再像以前那樣只關心客戶的經濟狀況和購買力承受度，這樣做了以後，以這位客戶為中心輻射到了他的親朋好友，胡全的業績也逐漸提升。

因此，對待單項任務，我們應該深層次處理，最大限度地發揮它的獨特之處。

（2）總體化處理「多項任務」

多項任務與單項任務之間是一種包含關係，即單項任務包含在多項任務之中，因此多項任務比單項任務更為複雜，那究竟該如何處理好多項任務呢？

首先要從整體考慮，將多項任務看成單項任務的總和，

那麼如何協調好單項任務之間的關係，才是總體化處理多項任務的重中之重。

這裡有一個非常有趣的現象可以提供協調兩者之間關係的思路，就是「三明治現象」。眾所周知，三明治就是兩片麵包夾幾片肉和各種調味料，中間可以夾雞肉或者豬肉，或者魚醬和黃瓜，這樣豐富的配料使得三明治的魅力就比普通麵包多很多。

研究人員發現，當做一件成就感或者滿足感不太強的事情之後再做一件振奮人心的事情，在振奮人心的事情之後再做一件無聊的事情，這種搭配比先將振奮人心的事情做完之後再做無聊的事情，動力與專注度都多了不少，心理學家將這種現象稱為「三明治現象」。簡單點說，就是不喜歡吃素的人吃一盤葷素搭配的菜時，最好的方式是一口素一口葷，用一句俗語來說，就是打一棍子給一個甜棗。

就拿胡全來說，在進行高強度的工作之後，一般會有一個假期用來放鬆自己，然後再投入之後的工作，這種勞逸結合的方式也是一種三明治現象。

　　這一切都是源於延遲滿足這個道理，延遲滿足就是克服當前的困境能力來獲得長遠利益的能力，表現為吃得了眼前的苦，之後才能獲得一定的回報。如果將多項任務分為滿足感強的和滿足感差的兩部分，彼此之間交替進行，那麼在每一次的單項任務完成之後都會出現成就感，這樣的話，多項任務的完成率才會大幅提升。

　　所以，牢記單項任務的「深層次處理法」與多項任務的「總體化處理法」，這樣才能合理協調兩種任務。

04 ╱

你需要的獎懲機制

在日常工作中，若是老闆提出如果員工能夠出色地完成一個專案，就可以獲得升職加薪或外出旅行的機會，那麼大多數人都會變得幹勁滿滿。

若是老闆說現在公司不景氣，如果員工為公司帶來的回報不能達到一個額度，那麼就會面臨被裁員的命運，在這種情況下，幾乎所有人都會爭先恐後地完成目標。

獎勵和懲罰這兩種方式對我們的生活和工作都非常有效。前者因為我們得到了夢寐以求的東西，以及自己的價值會被肯定而被廣泛使用；後者則因為一些個人不能承擔的後果，能夠使我們奮發向前而被視為最有效的激勵方式之一。

獎懲機制就是獎勵與懲戒的合稱，獎勵就是憑藉優異的

表現或達到的程度而給予物質或精神的獎勵，懲戒就是由於不太好的表現或犯下了錯誤而給予物質或體力上的懲罰。

如何有效地設立獎懲機制來激勵或肯定自己呢？

首先，我們要了解獎懲機制的特點。

以遊戲為例，風靡全球的遊戲一般都會有三種特點：一是等級，有效的操作會使等級提高，無效的操作會使等級降低；二是抽獎，每隔一段時間，遊戲商會推出抽獎活動，遊戲玩家則會擁有抽獎的機會；三是隊友回饋，當你操作不當時，隊友會立即在遊戲上指出錯誤，當你操作技術過人時，隊友也會及時給予讚美。

這三種特點就是運用了獎懲機制，比如在遊戲畫面中出現「經驗值＋1」或「血量 80％」這種數字能夠刺激大腦皮層，導致情緒的變化波動，用戶能夠迅速了解到自己的行為所帶來的影響。

操作得當所獲得的「獎勵」（通常表現為積分上漲）和操作不當所帶來的「懲罰」（通常表現為積分下降）都是較好的即時回饋系統，它能夠讓使用者乘勝追擊和及時止損，也能讓用戶更確定接下來的一系列操作。

這種「打怪—升級—獲得更多許可權—再打怪—再升級」的遊戲模式就是依靠著「獎懲機制」才能吸引更多的用戶，但是當這種機制缺乏吸引力時，這種遊戲就會漸漸被玩家淘汰。

這就是獎懲機制的耐受性，相同的獎懲機制持續刺激人的大腦，當達到了大腦的門檻之後，這種刺激的作用力就會下降，最後的效果就會微乎其微，因此當原有的獎懲機制效果不明顯時，應該考慮及時更換。

值得注意的是，獎懲機制應該用「內在誘因」為主導，而不是光靠「外在推力」。

在這裡舉一個成功律師的例子，李洪畢業於國內知名高校的法學專業，多年來在律師行業裡打官司的勝率極高，因此在業內口碑極好，但就是這樣一位優秀的成功人士，在大學卻是一個經常被當甚至要被勸退的學生。

李洪曾經在一次講座中提到過他的故事，他高中時一直是一個超級學霸，但是在大學的前幾年他卻無心學習，一直沉迷於遊戲。從高中學霸到大學厭學，這突如其來的轉變有很多因素，但是李洪在多年後卻只總結出最關鍵的一個因

素，就是由高中時不合理的獎懲機制導致的。

　　李洪高中時的學習模式一直是「上課—做作業—考試—打分數—成績好受到老師家長肯定、同學羨慕，成績差則受到批評」，這種模式中的「獎懲機制」完全來自家長和老師，這些來自外部的讚美與肯定就是「外在推力」，比較單純。而上了大學之後，李洪發現老師和家長不再像高中一樣關注成績，因此喪失學習動力，導致了他在上大學時頻繁被當。

　　這種狀態一直持續到他工作後，李洪發現高中時採用的獎懲機制已經完全對他無效，外在推力只能作用於他身上一時，不能持續一輩子，後來李洪在為委託人打官司後，意識到自己工作的價值，律師可以讓好人免受冤屈，將壞人繩之以法，之前「獲得老師、家長肯定」這種外在推力逐漸被「打贏官司的成就感」這種內在誘因代替，獎懲機制才能繼續發揮效用。

　　具體一點的比喻就是，一輛需要用手推的車一定不會走得遠，但如果替它裝上一個馬達，它就會持續不斷地向前邁進。

　　其次，我們要明白究竟要獎勵自己什麼。

　　獎懲機制中的獎勵應該是滿足自己需求的事物，那這些事物又有什麼標準呢？

　　美國心理學家馬斯洛（Abraham Maslow）在其論文《人類動機的理論》（*A Theory of Human Motivation*）中提出了需求層次理論，他認為人類的需求類似階梯狀排列，第一層階梯為生理需求，第二層階梯為安全需求，第三層階梯為社交需求，第四層階梯為尊重需求，第五層階梯為自我實現需求。

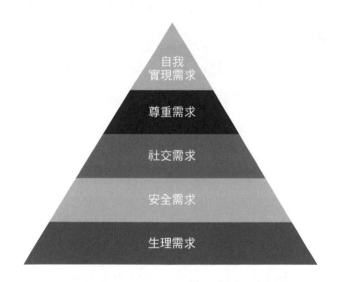

　　通常這五個需求度依次遞增，生理需求是最根本的需求，如果連這個需求都沒有滿足，那麼就根本不用提後面四項了，因為人一旦出現強烈的飢餓感，那麼幾乎所有的行動

都會為了填飽肚子，生理需求是最重要的需求。

自我實現需求則是最高層次的需求，通常在追求這個需求時，其他四個需求都已經達到。只有生理、安全、社交和尊重需求都已經得到滿足，人才會尋求自己的人生價值。

俗話說「缺什麼要什麼」，當我們缺乏什麼東西時，它才對我們有吸引力，而我們缺乏的東西就是由這五層需求演化而來，當我們飢寒交迫時，滿足自己的生理需求才是最好的激勵辦法。

正如你在公司加班時，已經飢腸轆轆，那麼此時你為了讓自己能夠快速完成手頭工作，於是告訴自己在幾點前完成就獎勵自己去最愛的一家餐廳吃飯，這樣你工作的熱情就會大幅提升。

通常只有一層需求解決了，才會向上一層次的需求邁進，就像爬樓梯，只能從一樓爬到五樓，沒有直接跳到五樓的道理。一般人的生理需求和安全需求都有了保障後，接下來需要考慮的便是社交、尊重、自我實現需求。

此處的獎勵更準確地來說是一種「正向回饋」，用滿足自己需求的方式來激勵自己。

　　社交需求，即出於歸屬與愛的需要，比如你參加了一個團體就會感覺到歸屬感，愛的需要就是接受他人的愛和給予他人愛的能力。

　　那究竟該如何滿足這種需求？此時需要的便是參加一些集體活動，比如公司舉辦的員工趣味體育比賽、小組成員之間的聚餐等。

　　尊重需求，即是自我尊重和他人尊重，尊重包括渴望獲得成就，贏得別人的認同，正如文中的李洪成為優秀的律師來證明自己的價值是他的需求，這樣他才能持續努力。

　　這種需求可以透過參加比賽獲得獎項，工作中獲得的獎金以及一些實質性的成就來滿足，通常公司可以透過使用這些方式來獎勵員工，以此來滿足他們的尊重需求。

　　自我實現需求，這是指個體潛能和天賦得到肯定，如果你是一位孩子的家長，當孩子出現思考自己為什麼要存在於這個世界上，怎麼才能使人生有意義的時候，普通的獎懲機制，如物質獎勵就不能滿足孩子了，你需要換一種獎懲方式。這種獎懲方式的核心便是發掘潛能，肯定他的天賦。

　　因此，根據自己的需求來找尋獎懲方式是最為有效的方
法之一。

05

不要找藉口，守住自己的能力底線

　　高錦是我從小到大的鄰居，與他同齡的人都已經在外面上班，他卻長時間地待業在家，他的父母為此十分苦惱，曾拜託我去和高錦溝通，勸說他出去找一份工作。我接受了這項任務，在與高錦交流的過程中，漸漸知道高錦是如何被公司辭退以及他不思進取的緣故了。

　　原來，高錦這個人說得最多的便是「其實⋯⋯這樣也沒有什麼大不了的」，在工作時，高錦一直做事拖拉，上司批評他之後，他並沒有立刻改正，而是想「沒有關係，被上司罵也沒有什麼大不了的，他脾氣一直不好」。於是他沒有意識到自己的錯誤，還覺得問題出在上司身上。

　　後來在做公司交給他的企劃案時，他交出了一份並不是十分合格的成果，在別人都做出令人滿意的成果時，他又

告訴自己，「沒關係，做不出也沒有什麼大不了的，別人只是碰巧罷了」，直到有一天，高錦因工作能力不強被辭退，而失業在家時，他又寬慰自己「在家待著也沒有什麼大不了的，又不缺吃喝」。

無數次的「沒什麼大不了」導致高錦的底線越來越低，於是他自己的人生也逐漸低到了低谷裡，在別人都在奮發向上的時刻他在家裡閒著啃老，而他似乎還是沒有意識到自己身上的問題。

相信大家都看出了高錦身上的問題，他出現頹廢狀態的原因有兩點：一是他總是從別人身上找藉口；二是他沒有為自己設定一個合理的能力底線。

在高錦的工作出現效率低下的問題時，他沒有從自己的身上找原因，而是從上司的身上找藉口，把一切失敗的緣由都歸咎到別人身上。高錦並沒有為自己的人生設定一個清楚明確的底線，而對我們大部分人來說，我們的人生都有「一定要有一份可以養活自己的工作」這樣的設定。若是他早先設定了這條底線，在突破這層底線之後，他整個人應該會處於一種警覺的狀態，而不是放任自己當那麼久的無業遊民。一般在觸碰到自己的底線時，個人的專注度會一直放在如何

從底線上離開，這時的專注度會到達一個非常高的程度。

用具體一點的比喻來說，如果你在一座峭壁上攀岩，腳下就是萬丈深淵，而向上攀爬到墜入懸崖之間有一道清楚的界線，在這條界線以上，你就有機會往上爬，如果在這條界線以下，就會墜入懸崖粉身碎骨，相信大家都不會去選擇讓自己的腳踏入底線一步。

以人為鏡，可以明得失，我們從高錦的身上看到了問題，那麼放在我們自己身上時，我們又應該如何處理這些問題呢？

首先，不要找藉口。

藉口，在漢語中的釋義便是承認活動本身是錯誤的，可是當事人以非真正理由否認其應當承擔責任。

第一，其實我們習慣了找那麼多的藉口，最主要的目的就是推卸責任。據調查統計，一般具有高度責任感的人是不會輕易找藉口的。

美國前總統雷根（Ronald Reagan）在十一歲的時候一次踢足球不小心打碎了鄰居的玻璃，鄰居索賠十三美元，這些錢在當時可供一個普通家庭半個月的開銷，然而闖了禍的雷

根並沒有為自己找藉口。事實上，當時他的年紀小，調皮是情有可原的，雷根的朋友在踢碎玻璃的時候都以自己的年紀小來推脫債務，而雷根卻沒有，他誠懇地向鄰居承認了錯誤，並向父親借了十三美元還清債務。

在此後的半年裡，他辛苦打工最終還清了欠父親的債務。在他以後的從政生涯中，他遇到過不計其數的困難，可是他從未找過藉口來推脫自己的責任，而是選擇堅定地扛起自己的責任，最終成為美國最受人民愛戴的總統之一。

大多數人尋找藉口通常都是為了逃避自己的責任，因為一般情況下，選擇承認錯誤可能會為自己帶來不良的後果。比如當我們在做某個項目時出現了紕漏，很多人總會想到先找藉口來推掉自己的責任，因為他們害怕若是承擔這份責任會為自己帶來嚴重的影響。輕則會面臨懲罰，沒有獎金，重則還有可能會因此而被辭退。高錦就屬於這樣的情況，因此他才一直源源不絕地找到層出不窮的藉口。

第二，找藉口是為了心安理得地拖延。

高錦待業在家的時候，家裡人曾多次勸說他出去找工作，他都不為所動，這其中最主要的原因便是他為自己找的

藉口讓他自己能心安理得地拖延。

「現在是求職淡季，而且我所學的專業與市場上的大部分工作都不相符，等到有合適的職位我再去。」

「我年紀這麼大了，怎麼可能競爭得過那些剛畢業的年輕人，據說現在的公司都不會招聘像我這個年紀的員工。」

「面試時要準備合適的衣服，我手上沒有這樣的衣服，還是過幾天去買了衣服再去找工作吧。」

就是這樣數不勝數的藉口讓高錦一直待業在家，不再出去找工作，這些藉口有些是單純地責怪社會，比如他這種年紀的員工不好找工作；有些就是純粹的藉口，比如沒有面試的衣服等。而類似「再等等吧」這樣的話，就是已經出現拖延症的最主要徵兆，當你經常說這句話而沒有任何實際性的進展時，就應該考慮自己找的理由是否只是自己不想出去工作的藉口了。

找藉口最大的緣故就是推卸責任和心安理得地拖延，那究竟怎麼樣才能讓自己避免一遇到問題就開始找藉口呢？

我們要意識到，當我們所做的達不到預期的要求時，一定有原因的，一是客觀原因，比如設備出現故障，家庭出現了擾人情緒的變故，還有就是一些突然的政策更改；二是主

觀原因，比如自己就是想參加派對、想看電影、想去飯局而不想去工作，做事馬馬虎虎不求細節上無誤，以及懶得起床等自身原因。

當我們認為客觀原因大於主觀原因時，我們往往會產生「這就是命，沒辦法改變」的消極心理，這並不利於個人的發展，那我們應該怎麼做呢？

最重要的是，我們不要過分強調客觀局限性而忽略主觀積極性，意思就是當外力無法阻止時，要從自己的身上找原因，將自己身上影響結果的因素做到比之前更好，這樣才能排除阻攔任務順利進行的不利因素。

其次，為自己設定一個能力底線。

能力是會一步一步降低的，依舊拿高錦舉例，他在公司的時候有好幾次的專案失利，在第一次出現問題時，他若是能及時反思自己的錯誤，提升自己的能力，也不至於後來被辭退。但是高錦沒有，他選擇了放棄難度高的任務，反而去完成難度次一級的其他任務，久而久之，他就完成不了任何有難度的任務了。

一個人如果一直在走下坡路，那麼到最後只會無路可

走，而我們應該做的就是在一條下坡路上為自己設下障礙，讓自己處於一種警覺的狀態，從而轉身向上，不會再一步一步往下走。

我們最應該做的，就是敏銳地捕捉到任何一絲負回饋。

在工作遇到困難時，我們就應該充分調整自己的注意力了，雖然遇到困難才是走上坡路的必經之路，但若是一不留神也會走向下坡路，兩者之間的差別就是前者將困難視作一個能力的警告，而後者則是將其視為一個無關緊要的事件。

舉一個生活中很普遍的例子，我的同學小欣就是因為不關注負回饋而一步一步長胖十五公斤的，她在第一次褲子有點緊的時候並沒有放在心上，之後大多數衣服都有些不合身的時候也沒有完全引起她的注意，直到最後逛街的時候，她發現沒有適合自己的尺寸時才欲哭無淚。

體重計上一公斤的改變或衣服一釐米的不合身等都是十分微小的改變，有些人卻能夠敏感地意識到這些細節，從而調整自己的方向，避免由量變引起質變，有些人卻習慣性地忽視，直至最後造成了無法挽回的後果。

無論在工作還是生活中，我們都應當為自己設定一條底

線。生活裡，對於體重，我們可以為自己設下體重絕對不能超過多少公斤的底線，當體重朝著這個數字邁進時，那些微小的負回饋就會對我們發出一次次的警告，直到我們意識到自己的方向錯誤。工作上也是如此，比如在無法更改的外界因素影響下，工作的時間延長和效率降低，以及受到上司的警告等時，我們就應該注意了，這是非常重要的負回饋。反過來思考，這些負回饋也會指導我們設定屬於自己的底線。

　　不要找藉口，去設定一條能力底線，這兩種做法能夠讓我們勇於承擔責任，更能意識到不能拖延，就如我的鄰居高錦一樣，他在聽取了我的意見之後，不再去找藉口，而是為自己設下一條底線——先找到工作。最後他找到了合適的工作，生活也在慢慢走上正軌。

　　所以，拋棄那些藉口吧，從自己的身上找原因，這樣我們才能往上走而不是往下走！

一流的人才從不懈於總結

　　我的導師曾經有兩位學生，這兩位學生在剛入學的時候基礎與能力都不相上下，可是在入學後的幾年裡，兩個人的差距越來越大，一位已經發表了幾篇文章，一位卻連實驗操作都不太熟悉，短短幾年，為什麼會出現這麼大的差別？

　　我的導師給出了答案，原來這兩位學生最大的不同便是一個比較善於反思錯誤，總結經驗，而另一個在完成任務之後就將它丟在一邊不聞不問，也不管這項任務會帶給自己什麼經驗與教訓，即使偶爾回想過，也是淺嘗輒止從未深入。

　　能否及時回饋、總結經驗是這兩個人的分水嶺，也是大多數人與成功人士之間的分水嶺。

　　聯想控股股份有限公司原董事長、聯想集團的創始人柳傳志是一名優秀的企業家與投資家，他曾經說過，「一流的人才都是善於總結的人」。最初，他做了一個雙密度磁帶記錄儀，在送到飛機試飛所使用後，柳傳志接觸到了國外的設備，他發現自己做的與國外差得太遠，於是他開始學習總結國外先進的技術。後來在創業的時候，柳傳志在遇到困難時，開始總結英特爾公司與惠普公司的成功經驗與盈利模式，最終取其精華去其糟粕運用到自己的公司上，從而大獲成功。

　　不僅如此，柳傳志總結的經驗也激勵了神州數碼董事局主席郭為等一些人，他們及時反思自己的錯誤，認真總結，最終在自己的領域也做出了不凡的成就。

　　相信大多數人都知道及時回饋、總結經驗的重要性，可是卻難以在生活和工作中真正做到這點，這主要是源於大腦的保護機制。

　　美國的《自然》雜誌報導過瑞士的一項研究成果，研究認為大腦會選擇性地遺忘一些記憶。人的大腦不僅有儲存能力，還有遺忘能力，這樣才能達到一種微妙的平衡，這些被遺忘的記憶通常是一些無關緊要的小事，但更多的是遺忘恐

懼與痛苦的記憶。

　　趨利避害是一種本性，不斷地回憶自己的錯誤本來就是一種痛苦的過程，但若是長時間不回憶，人的大腦又會啟動保護機制將這些記憶遺忘，所以及時回饋十分重要。

　　及時回饋之後，我們就要開始分析自己出錯的原因了。我們最好將大腦中不成形的思維轉化成具體化的文字，形成線性的表達結構。

　　分析自己錯誤的原因，首先要列出自己做錯的事件，再進行下一步的處理，在這種情況下應用線性的 IFRSE 原則。

Insoluble
無法解決的問題 ➡

Feedback
回饋總結問題 ➡

Resemble
相似的問題 ➡

Solvable
可解決問題 ➡

Experience
總結經驗

　　這就是一個最簡單的線性結構圖，由最簡單的箭頭導向，方便於歸納總結，IFRSE 原則表明的是發現錯誤到總結經驗的一系列過程：第一步為發現無法解決的問題；第二步

為回饋問題，歸納總結；第三步是遇到相似的情況；第四步
是解決問題；第五步是根據多個實例來總結經驗。

對於大部分情況來說，這樣用線性結構表述出來比一團
亂麻般在腦袋中想更為清楚明白，除此之外的線性結構還有
心智圖式，具體見下圖：

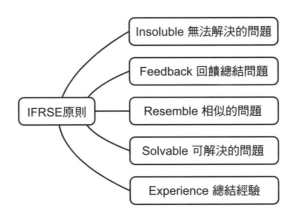

當然，這種線性的表達只是一種提升效率的手段，最終
還是要回到內容上。

第一步，先找到自己無法解決的問題。時間限度可以為
一天，也可以為一週，盡量越早越好。

以我的導師口中那位品學兼優的 A 學生舉例，他通常是

這樣做的，他會在一個合適的環境裡坐下來思考，首先拋出幾個問題。

「在過去的幾天內，我在學術、工作上遇到了哪些無法解決的問題或哪些地方做得不錯？」

「同學、同事、導師有沒有指出我身上的不足之處？」

「有沒有什麼實質性的懲處，比如說被期刊拒稿、工作的獎金比之前少等？」

拋出這幾個問題（通常由自我評價、導師評價、外界評價組成），然後一一回答，讓自己對無法解決的任務有更清楚的認識。

第二步，分析回饋問題（橫向對比，縱向深入）。

某位行業的領軍人物曾經在一次演講中說出自己解決問題的「祕密」，他採取的便是橫向對比與縱向深入的方法。舉個例子，在工作中，如果遇到一個無法攻克的專案，他通常會從兩方面考慮：一是橫向對比，以時間為一條線來回憶以前有沒有遇到相似的情況，當時是怎麼處理的，有沒有可以借鏡的經驗？如果沒有，那麼這個專案就是一個全新的挑戰，需要嚴肅對待；二是縱向深入，比如問自己這個專案的特點是什麼？它的針對人群是誰？有沒有什麼方法能夠使它

更具競爭力？就是只面對一個問題，將這個問題進行全面的分析，不遺漏任何一處細節。

　　這位行業領軍人物就是這樣分析回饋問題的，找出自己在面對問題時的不足，然後改正。

　　我的同事可風吸取了這位領軍人物的經驗，在工作上遇到問題時，會首先回憶之前有沒有遇到過相似的情況，當時是怎麼解決的。以設計的產品缺乏吸引力為例，他之前也曾出現過類似的情況，而當時他選擇了求助行業的另一個人，那個人在幫他重新添加了幾處細節後，使這個產品更具吸引力，但是可風當時並沒有去問那個人的設計理念，這導致那次求助沒有發揮更大的作用。

　　橫向對比完成之後，可風再進行縱向深入，他開始從各方面思索這個設計為什麼沒有吸引力，最後總結出兩點：一是沒有實用性，原本要設計的是一個居家物品，本是裝飾之用，但若是能夠擁有實用性，那麼將更具有競爭力；二是顏色搭配不合理，產品在冷色調中混入了一絲暖色調，感覺非常怪異。

　　在找到這兩點之後，可以選擇增添實用性，並去除多餘的暖色調，這樣就大幅提升了產品的吸引力。

　　橫向對比與縱向深入也適用於其他的工作問題，而且在解決問題之後，要及時記住自己的想法來源以備未來之需。

　　第三步，再次遇到相似的問題，並熟練地解決問題。

　　歷史總是有相似之處，當再次遇到之前犯過錯誤的問題時，如果之前並沒有從源頭改正，那麼接下來有很大機率依舊會犯相同的錯誤。

　　複讀機原理就是如此，如果你最先錄製了一段錯誤的音訊，那麼播放出來，這個音訊就會不斷地重複，不斷地犯錯，如果想終止這種錯誤，就只能清空磁帶，再重新錄製一段正確的音訊。

　　既然解決這個問題的方法與之前的相似，那麼這個問題與之前的問題就應該有相似之處，我們應該先找出這兩者的相似之處，評估一下能否用同樣的方法解決問題，如果可以，那麼就遵從之前總結的經驗去應對。

　　這被稱作「問題模式化」，就是把有主要特徵的問題放在一個模式裡，這個模式裡的所有問題都可以套用共同的解決方法。

　　就拿可風的解決方式來說，他的「模式」是這樣進行的：

再次遇到產品缺乏吸引力的問題——加以思考；

檢查顏色問題——改變顏色；

針對缺乏實用性問題——提高實用性。

這就是一個普通的「模式」，以後再遇到產品缺乏吸引力的問題便可以從這些方面思考，找到合適的解決方案。

當然，凡事都會有例外，我們一定要抓住重點，比如我的朋友陳陽在公司時每一次都是最後一個提交報表，他將效率低下的問題歸咎於自己沒有合理地安排時間，於是他根據之前熟悉的時間安排的方法來安排時間，最後卻發現自己仍舊是最後一個提交報表的人。後來有同事指出了他的問題，便是不能熟練地使用一系列的辦公軟體，這導致陳陽在時間安排合理的情況下，也會因為軟體使用不當導致時間推遲。

陳陽的同事都採用了更合適的辦公軟體，而他還在使用過時的方法。現在網路上能找到各式各樣的 PPT 範本，而陳陽竟然還在自己設計每個版面，事實上使用範本和自己設計版面呈現出的效果差別並不大，所花費的時間卻差很多。

這個對陳陽來說「無法解決的問題」的重點其實是辦公軟體，但是他卻將重點歸於時間的分配上，這本來就是沒有合理地劃分問題，如此再採用不合適的處理模式，效果自然

是南轅北轍。

　　更重要的是，模式並不是固定不變的，它每時每刻都在更新，這就需要我們不斷總結，不斷地提升自己思考問題的多面性。

　　總而言之，及時回饋問題，為自己的錯誤買單是我們更高效獲得成功的要義。

－精力管理－
關鍵指南

● 目標是一步一步完成的，只有完成當下目標，才能實現
　遠大目標。一個明確的目標也能減少精力無謂的損耗。

●「細分法」是公認最有效的整理思路的方式之一，以目標
　為例，可以細分為時間、地點、內容、方式四種。

● 單項任務需要「深層次處理」，多項任務需要「總體化處
　理」。所謂深層次處理單項任務，本質就是將任務做精。
　將多項任務看成單項任務的總和，那麼如何協調好單項
　任務之間的關係，才是總體化處理多項任務的重中之重。

● 不要找藉口，去設定一條能力底線，這兩種做法能讓我
　們勇於承擔責任，更能意識到不能拖延。從自己的身上
　找原因，這樣我們才能往上走而不是往下走。

● 能否及時回饋、總結經驗是大多數人與成功人士之間的
　分水嶺。

"

第四章

管理好精力就是為自己賦能

01

堅持一項適合自己的運動

　　我的朋友杜克，幾年前從公司辭職後開始自主創業。起初他廢寢忘食，夜以繼日地準備企劃，馬不停蹄地尋找客戶和推銷自己的創意，經過他長時間的辛勤工作後，公司初具規模，每月的銷售額也達到了較高的水準。

　　可是，就在公司形勢一片大好的情況下，杜克的身心卻出現了問題。他發現自己再也無法像在公司初始階段那樣，把全部精力都投入到工作中，就連工作熱情也大幅下降。

　　杜克創業初期，他一個人能夠在很短的時間內完成一份品質不錯的企劃案，但在後期，他卻發現自己已經沒有辦法交出一份令人滿意的企劃案，因為他通常伏案工作一段時間後就會感覺精力不濟，甚至出現頭昏眼花的症狀。他也知道自己無法專注的最主要原因是身體欠佳。

在他二十幾歲的時候，熬夜加班是很常有的事，因為當時精力正處於一種巔峰的狀態，對偶爾的疲憊感他也沒有放在心上，但是現在他已經三十多歲，身體狀況日益下降，在高強度的工作狀態下，精力也已經跟不上了，只能白白浪費大把的時間，這對剛有起色的公司來說十分不利。

杜克為此感到十分挫敗，直到一次清晨五點他從公司加班回來，在社區樓下遇到很多早起跑步的晨練者，才讓他有了覺悟並決定改變。早起跑步的人群中有一位是杜克十分佩服的合作夥伴，他時常對合作夥伴旺盛的精力感到羨慕不已。

後來有一次聊天，杜克才知道這位合作夥伴已堅持跑步有六年之久，甚至還曾參加過很多場馬拉松比賽，體質過人，因此在工作上也比其他人的精力更強。

法國醫學家蒂素曾經說過，運動的作用可以代替藥物，但所有的藥物都不能代替運動。對於由大腦控制的專注力來說，運動無疑是「優化劑」，它能夠明顯地提高專注程度。

由一組研究人員設計的神經實驗的數據來看，適度規律的運動能夠刺激大腦產生重要激素和神經化學物質，這些物

質能夠增強大腦中海馬迴神經元以及前額葉皮層的發育。眾所周知，大腦的前額葉皮層是十分重要的部位，它負責人體的決策與專注能力，前額葉皮層發育得越完善，人的專注力也就越強。

運動的好處很多，其中對精力最重要的一項便是有助於睡眠。

前文曾經說過，睡眠對精力的恢復十分有用，而運動能促進睡眠，新加坡前總理李光耀就是最好的例子。

李光耀曾經體重超標，和大部分喜歡宅在家中的人一樣，他不喜歡運動，喜歡吃高熱量的食物，沒有重大的事情一般不會出門，直到年紀輕輕就出現了啤酒肚，他才決定透過運動減肥。

起初李光耀選擇了高爾夫球運動來減肥，卻發現這項活動的運動量過小，根本沒有辦法實現減肥的目的，可是他又不願意單純依靠跑步之類的有氧運動，最後他想到了一個好主意——將高爾夫與跑步結合起來。就是在打高爾夫球的時候，在擊完一球之後迅速跑到另一個擊球點，這樣既進行了自己最喜愛的運動，讓高爾夫保持了趣味性，也發揮了透過

跑步來減脂的目的。

　　自從意識到了運動的魅力之後，李光耀堅持了長達幾十年的運動，甚至在出國訪問的時候，也會每天跑步二十分鐘。如果去沒有運動設施的國家，他的隨行人員還要為他在行李中準備可折疊的健身腳踏車，這樣規律的運動，使他在接近九十歲的時候依然腿腳俐落，思維也比同齡人要敏捷得多。

　　規律的運動讓他只要一躺到床上就能很快入睡，並且每日只睡六七個小時也神清氣爽。雖然這比起人體需要的標準睡眠還要少一個多小時，但是他的精力足夠充沛，根本不需要太多的睡眠來恢復。

運動要將「效率」與「興趣」相結合。

　　李光耀喜歡打高爾夫球，不喜歡跑步，可是前者有趣卻不能有效減脂，後者能有效減脂卻難免有些枯燥，而李光耀選擇將兩者結合起來，這樣既不失趣味也能發揮有效減脂的作用。

　　其實，如果一項運動對個人沒有吸引力，它還可能會有反作用，經常進行這項運動會引起內心不小的負擔與抗拒。

這樣的話，這項運動就失去了「續航能力」，讓人一步一步消耗掉激情，甚至所有的動力都會消耗殆盡。

杜克無法像合作夥伴一樣做到每日早起跑步，不過他選擇了一項最適合自己的方式。因為工作需要，他經常需要去各地考察，之前他都會選擇搭計程車或開車，但是之後，他選擇了提前一段時間出發，然後步行前往目的地。這樣既不耽誤工作，還鍛鍊了自己的身體。杜克喜歡去郊外野營，他在朋友的介紹下加入了騎行愛好者協會，在空閒的時候就與同伴騎車去郊外露營。

杜克選擇的露營與騎行都是自己感興趣的事情，而且是在不耽誤工作的情況下做的，因此效率遠遠高於被迫做那些自己不喜歡的運動的狀況。可見，運動要將「效率」和「興趣」結合起來。你可以先將自己感興趣的事情列出來，再列舉出你知道的有氧運動和無氧運動，接著運用你的想像力將這兩者結合在一起。

①打高爾夫球　　　A 跑步

②睡覺　　　　　　B 踢足球

③下班回家　　　　C 做仰臥起坐

④逛街　　　　　　D 打籃球

　　例如上面所述的幾種運動，你可以選擇 ③ A 這種組合，比如說在下班回家的路上跑步，或者是 ② C 這種組合，在睡覺前做完一組仰臥起坐，以及根據自己的興趣與效率需求採用其他搭配組合。這種情況的核心就是為運動「減負」，本來運動就需要靠很強的自制力維持，如果變成了負擔，那麼自然後繼無力。

運動可以清除一些「重複無效思維」，用來放空大腦。

　　杜克在公司步入正軌的後期，整個人根本無法專注於一項事物，他在進行工作的過程中，大腦經常會胡思亂想，比如可能會突然想起之前發生過的一些小事，然後在腦中反覆地想，就像是在大腦中安插了一段影像，不斷地循環播放，或者對自己所做的事情不堅定，經常被周圍的音樂或電視裡播出的內容打亂了心神。

　　這種與目標無關的「重複無效思維」經常會占據人的大腦，使人對目標的專注度大幅降低，而運動會大幅減少這種「重複無效思維」的產生與循環。

　　某醫學院曾經做過一項研究，研究者找出了一組閱讀速度差不多的學生，讓他們在一週中做同樣的運動並持續同樣

的時間，之後再次測試他們的閱讀速度以及期間中斷閱讀的次數。研究發現，這些學生的閱讀速度比之前高出 20％，而期間中斷閱讀的次數也大為減少了。

很多人都會出現這樣的情況，大腦在長時間高強度的工作之後會出現一團糨糊的狀況，而在運動之後這種狀態則會停止，甚至出現一種神清氣爽的狀態，之後的工作狀態也會大幅度提升，專注力以壓倒性優勢戰勝大腦中的「重複無效思維」。

但是這種作用有一定的「時效性」，一次跑步之後釋放出作用於大腦的化學物質與激素只能持續很短的時間，如果想要擁有持續的專注度，就必須保持有規律地運動。

規律的運動會有「排空」與「強化」的作用。排空即是清空大腦中無用的資訊；強化即是強化自己的目標。在運動的過程中，你的注意力只會在如何將這項運動繼續下去這個問題上停留，那些無用資訊浮現在大腦的頻率也會逐漸降低，直到最後專注成為一種慣性。

運動的好處不計其數，最主要的便是有助於睡眠以及放空大腦，這兩項作用可以大幅提升我們對目標的專注度。所

以，要選擇一項自己喜歡的運動，這種運動一定要以興趣為
先，效率為基礎，只有這樣，才會有持續的動力來支撐你，
也才有可能使你堅持到最後。

02 /

與無用的資訊斷捨離

　　現代社會中的大部分人都離不開手機，尤其是對於年輕人來說，手機差不多已經成為他們不可分割的一部分，根本無法放下，可見大部分人都有「手機依存症」。不過，從手機上獲得的資訊有利有弊，某些資訊可以讓我們醍醐灌頂，某些卻只會白白浪費我們的時間，甚至導致我們根本無法專心做事。

　　我的朋友孟河就是一個極其依賴手機的人，不管是吃飯還是工作，他都會時不時地打開手機看看，手機也總是嗡嗡嗡地響，正因如此，看手機彈出的通知幾乎占據了他所有的碎片化時間。

　　有朋友問過他，怎麼會有這麼多的手機通知事項需要處

理？他搖著頭說道，其實也沒有那麼多的事情需要處理，只是出於一種本能，當手機上跳出來通知時，就總是會忍不住查看。

他向我們展示了一下他的手機，上面有各式各樣的應用程式，全部都不規律地分列在各個介面，就在向我們展示的短短幾分鐘，手機上方就彈出了不少的通知，有朋友發的訊息，也有無聊的新聞推送。

不僅如此，他的電腦桌面上也是亂七八糟的一片，找資料都需要好長時間，孟河也漸漸知道了這種混亂的壞處，但是他不知道應該如何下手，因此我建議他找個合適的時間做一下斷捨離。

斷捨離這個概念最初是日本作家山下英子在其創作的家庭生活類作品中提出的。針對當代人東西堆積越來越多卻沒有辦法割捨，然後又不斷地一邊買一邊懊悔的情況，山下英子提出了這個概念。斷就是不買，不再購買自己不需要的東西；捨就是捨棄，丟掉自己不需要的東西；離就是斬斷，斬斷自己對不需要東西的迷戀。

這種概念起初用於整理家務，不過我認為這也適用於手機螢幕與電腦桌面的清理。

　　以孟河舉例，他的手機上總是彈出數不勝數的通知，包括娛樂消息和新聞推送、朋友之間的八卦閒聊，但這麼多的訊息都是他需要接收的嗎？

　　答案很顯然是否定的。他根本就不需要看這麼多的訊息，但是他又害怕錯過重要的事情，所以不敢漏掉任何一個通知，更何況如果彈出來某某明星隱婚生子、某某新劇上映，他又怎麼能克制住自己不打開那則通知？

　　這一方面是自己的自制力問題，另一方面就是應用程式的營運者會選取最引人關注的訊息推送到你面前，更何況有些高階的應用程式還會根據你的日常瀏覽狀況，然後用演算法算出你喜歡的類型，從而選擇你最感興趣的內容推送到你的面前，對此我們只能從源頭上進行防範與遏制。

　　你要適當及時的整理手機應用程式及電腦軟體，減少電子產品的干擾，減少大腦的負荷，注意力才不會被時不時打斷，也才能更專注於目標本身。

首先，整理手機應用程式及電腦軟體。

　　孟河的手機應用程式就是以隨機的方式排列，很多應用

程式的右上角是觸目驚心的提示紅點。很多人都有「紅點強迫症」，即使其實並不是真想打開這個應用程式，但還是會不由自主地點進應用程式中企圖消除這些紅點。

孟河也是如此，他無法忍受應用程式上有這麼多的紅點，所以總是會點進這些應用程式中，而點進去之後，就會被裡面精彩的資訊吸引了全部的注意力，久而久之又耽誤了不少時間。

更重要的是，當手機應用程式不規則地排列時，人們常會在瀏覽了新聞類應用程式裡的內容後，又被旁邊的遊戲類應用程式吸引，大腦的不同工作區域被不斷地刺激，放下手機專心工作也變得越來越難，因此，我們最關鍵的第一步便是整理自己的桌面——把所有的東西放在特定的位置。

把螢幕上的所有應用程式按照不同的用途分別排列到不同的介面中，比如遊戲區塊中全部放遊戲，社交應用程式全部放在一處，還有系統應用程式和一些常用應用程式放在一處，這樣我們就會對自己手機裡的應用程式有個清晰的認識，也基本了解了手機通知來自於哪些內容。

對於電腦上的軟體也可以按照這種方法處理。

其次，移除自己並不需要的手機應用程式及電腦軟體。

在手機和電腦的後台系統中都會按照手機應用程式和電腦軟體的使用次數來排序，通常排在後面的都是一些很長時間沒使用過的應用程式和軟體，你應該移除這些不常用的應用程式和軟體。

有些手機應用程式和電腦軟體的用途相似，同時安裝並重複查看相同的內容，無疑是對精力的極大浪費。對這些用途相似的手機應用程式和電腦軟體，可以選擇性移除，或者是關閉通知功能。

最後，合理安排接收訊息的時間，在一個時間段內統一處理。

透過手機及電腦獲取訊息有時間上的隨意性，如果你放下了手頭工作去查看、處理這些訊息，注意力會被不停地打斷，再聚集起來還要費一番功夫，而且如果注意力被打斷的頻率過高，也很難再次有效發揮作用。

那麼，究竟應該採取什麼樣的方式才能避免此類情況發生呢？

我們最該做的就是合理地安排接收訊息的時間，選擇在一個時間段內統一處理問題。

以孟河為例，我建議他將手機在一個時間段內開啟「勿

擾模式」，在這個時間段內，將不會有任何訊息打擾他，過了這個時間段後再關閉「勿擾模式」並查閱手機中重要的訊息。

大部分情況下，我們都會錯誤地判斷事情的緊急程度，比如說有些彈出來的爆炸性的新聞，晚幾個小時再看也沒什麼關係，某些朋友發來的無關痛癢的訊息，過些時候看也不會有太大的影響。

需要注意的是，這個「勿擾模式」的時間段需要根據實際情況設定，比如說你需要與一些客戶溝通，這時候勿擾模式設定的時間過長會讓你錯過一些重要的訊息，反過來說，如果你並沒有什麼需要緊急處理的事情，那勿擾時間設定過短則會無法發揮勿擾的效果。

03 /

堅持勞逸結合法

在都市節奏飛快的生活中，大部分人的生活都極其忙碌。上班族拚命地工作，學生們也日以繼夜地學習，如此緊繃的狀態導致很多人都有焦慮感，生怕被別人拉開差距，一絲一毫都不敢放鬆。在這樣的循環下，大部分人卻發現自己做不到純粹的專注了。

還有一部分人，他們與那些整天神經緊繃著的人恰恰相反，他們每天的生活狀態便是三天打魚，兩天晒網。如果說第一種人是一條緊繃著的弦，第二種人就是一條完全鬆掉的弦，前者過度緊繃，後者過於放鬆。

這兩種生活狀態下的人，若是為他們的專注力打分數，都只能在五十分左右，都是不及格的分數。

　　我的兩個朋友就分別是這兩種人：一個是每天都在認真工作，經常加班到很晚，放假的時候也總是忙忙碌碌的；另一個是每天睡到日上三竿，整個人一直是一種懶洋洋的狀態，工作的時候也是寫一會兒報告，就休息很長的時間。

　　後來，那個一直忙碌緊繃的朋友得了脊椎炎，而且心中一直有揮之不去的焦慮感，那個一直處於放鬆狀態下的朋友卻總是有一種空虛感，還經常被上司責罵。

　　據一項調查研究顯示，懂得勞逸結合的人在工作與學習上都有更為出色的表現。研究人員讓兩組測試者記憶多組數字，第一組人員花費三十分鐘記憶，沒有設定休息時間，第二組設定了十分鐘的休息時間，花費二十分鐘記憶數字，加起來一共三十分鐘，結果第二組的準確率卻比第一組多出19％。

　　大部分人都會有疑問，第一組測試者明明多了十分鐘的記憶時間，為什麼記憶準確率還不如只有 20 分鐘記憶時間的人呢？

　　其實，在這個過程中發揮重要作用的便是勞逸結合的方式，在生理和心理疲勞之後，適度的放鬆會讓工作或者學習的效率變高。

　　所謂勞逸結合法，勞就是工作學習，逸就是娛樂放鬆的活動，勞逸結合就是將這兩種結合起來。上面我所說的兩個朋友的狀態，就是兩種極端——過度緊繃與過度放鬆。

　　過度緊繃：「勞」的時間過長，「逸」的時間不夠，心理與生理偏勞累。

　　過度放鬆：「逸」的時間過長，「勞」的時間不夠，心理與生理偏安逸。

　　這兩種狀態都是沒有協調好「勞」與「逸」兩者之間的關係，時間分配不合理才導致了這兩種極端的狀態出現。

　　其實，勞與逸兩者之間近似於正比，如果你工作或者學習的時間長，那麼放鬆自己的時間也會長一些，但是如果你的勞累程度並不需要長時間的放鬆，安逸的狀態持續過長，對自己的生理和心理都有不利的影響，比如你只做一天的工作卻用一個月的時間來放鬆，這就不屬於正常的勞逸結合。

　　那麼應該如何來協調這兩者之間的比例呢？

　　首先，我們要了解怎麼才能有效讓自己放鬆。

　　勞累不僅是身體上的勞累，還有心理上的勞累，這種勞

累是一種情緒的體現，比如我們經常感覺到「絕望」、「失落」、「疲憊」這一系列負面情緒的湧現。這些負面情緒也是一種心理警告，它們的出現通常意味著我們需要適度地休息了。

我們需要的「逸」也必須從生理與心理兩個方面來進行。生理上的放鬆有疲勞之後的睡覺、吃一頓下午茶、去玩一局小遊戲等方式，大部分人都知道生理放鬆的重要性，社會也比較重視這一方面的休息，比如學生時代的課間休息與做視力保健操等，或是工作時候的午休時間以及假期等，這些都是讓人進行生理放鬆的。

生理上的放鬆最主要的是養成規律的生活習慣。每日按時吃飯、不晚睡晚起，以及合理地規劃自己的時間，這些都是一些良好的生活習慣，保持這樣的生活才能在工作或學習上持續有效地輸出。

其次，合理安排放鬆的時間段。

我們在選擇放鬆的時間時，應該避免安排在完成任務的關鍵時刻。結合前文中的單項任務與多項任務來看，在完成一次單項任務的時候，我們可以擁有一次短時間放鬆，例如在完成一上午的工作之後用午睡放鬆。而在完成一次多項任

務之後，我們便可以擁有一次長時間放鬆，例如在完成上半
年的工作後，我們可以選擇一段長途旅行來放鬆自己。但
是，最好不要在工作或者學習的關鍵時刻放鬆，這樣不僅會
分散精力，以後再想繼續工作或學習，難度也會明顯上升。

　　生理上需要合適的放鬆，但是大部分人都忽視心理上的
放鬆，一些疲憊的情緒經常性地被人們選擇性地無視了，如
果我們在生理性的放鬆之後並沒有感覺到狀態出現好轉，那
麼就應該考慮心理上的放鬆了。

　　對當今社會大部分的年輕人來說，我們在沒有進行體力
勞動的情況下，也會經常感覺到疲憊，用一個詞來形容就是
「心累」。隨著社會競爭壓力越來越大，年輕人心理上疲憊
的頻率也越來越高，有些人甚至在一天沒有做任何事情的情
況下，也會感覺到心理超負荷。因此，我們更應該關注自我
心理上的放鬆。

　　心理上的放鬆主要分為兩個方面：一是與他人的溝通；
二是與自己的溝通。

　　我那個總是忙忙碌碌的朋友不僅有因為睡眠不足與工作
負荷過大而導致的身體疲憊，還有因為欠缺與人溝通而導致

的心理疲憊。前者容易治癒，後者卻需要花費一番精力才能夠恢復到合適的狀態。

　　他在長時間工作的時候漸漸將自己放進了「自我封閉」的環境中。例如，同事們一起聊天時，他會選擇工作而放棄融入周圍環境，還有為了完成工作，他漸漸減少了出門認識新朋友的機會。因為他長時間缺乏與人溝通，導致了他內心的想法無人可以傾訴。作為社會性的人，這樣會切斷自己與世界的連結，讓人產生一種空虛感。

　　對於類似的情況，我們應該選擇積極社交，比如，適當地融入與同事之間的交際圈，在工作的空閒時間與同事們聊聊天、開開玩笑，還有就是適時地與朋友們出去放鬆心情，彼此之間更新一下自己最近做的事情。如果周圍沒有親密的朋友，則可以根據自己的愛好選擇合適的交友圈，積極地出去結識一些新的朋友。

　　與人溝通是減輕自己心理負擔最好的方式之一，其次就是與自己溝通。

　　大部分情況下，我們之所以忙碌不堪或者頹廢無措，都是因為我們自己內心的渴求決定的。比如，有些人對物質有迫切需要或極度追求物質，那麼他們就會不斷地為自己施壓，直到最後不勝負荷而導致心理出現問題。還有一些人

沒有明確的追求，因此沒有足夠的動力，所以總是讓自己放假。這兩種人就像是兩輛在路上奔馳的車，一個在不斷地加速，一個卻在不斷地減速。前者會因為超速違反交通規則或是遇到障礙卻躲避不及而出事故，而後者會停在路上無法前行，根本到不了目的地。

這兩種情況都是不好的，所以我們應該經常與自己溝通，了解自己最真實的需求，不要過度地逼迫自己，當然也不能過度地縱容自己。

在我們加速前進卻不堪負荷的時候，應該增加「逸」的時間，而在我們停在路上的時候，則應該增加「勞」的時間，合適的「勞」與「逸」的比例才能讓我們的工作或學習更為有效。

養成規律的生活習慣，選擇在合適的時候放鬆，都是勞逸結合法需要注意的地方。此外放鬆的方式五花八門，要根據自己的個人情況來選擇。別人喜歡的放鬆方式可能不適合你，你要找到屬於自己的放鬆方式。

最重要的是，不要忘了與自己和別人溝通，這才是心理放鬆最有用的方式。

04/

讓置身的環境極簡化

　　我的朋友趙州是一位剛剛進入職場的實習生，與那些拎著公事包上班的同事不同，趙州每天都會背一個鼓鼓的包，裡面不僅裝了工作要用的筆記型電腦，還有其他的電子產品，例如平板電腦、遊戲機等等，甚至還有一些不需要背的書籍。

　　當我們問起趙州為什麼要帶這麼多的東西來回跑時，他的答案很簡單，就是覺得這些東西可能會在工作和午間休息時派上用場。但是事實證明，其中的大部分東西他都沒有用到，反而有時他還會在工作時忍不住翻開自己的包，隨即就被包裡的一些東西吸引，分散了注意力，從而耽誤了工作。

　　趙州最大的問題便是喜歡將事情複雜化，除了在背包這方面，他的辦公桌也與別的員工不同，辦公桌上總是亂糟糟

的，一堆東西雜亂不堪地擺在一起，而用來辦公的電腦只占據了很小的一個角落。

大量事例證明，心無旁騖是一種能力，有一部分人在亂糟糟的書桌前可以做到不被周圍的物品干擾，但是這種能力具有一定的選擇性，在現實生活中，大部分普通人都缺乏這種能力，因此當我們處於雜亂異常的環境時，大多數人都做不到專心致志。我們可能會因為手邊一個新奇的玩意而分散了注意力，目光也會經常在一堆東西面前徘徊，這種情況十分普遍。

對於大部分普通人來說，桌面的混亂度約略等於大腦的混亂度，桌面的東西越多，越容易分散注意力。有調查顯示，人的目光在混亂的桌面上停留的時間會比在整齊的桌面上停留的時間多十秒左右。當注意力處於巔峰時，如果大腦突然多懈怠了十秒，此時的注意力就會「傾瀉式喪失」。

如果大腦沒有將注意力及時拉回來，那麼重新聚焦注意力就會難上加難。遇到這種情況，我們可以採取「極簡主義」的方式來解決干擾的問題。

所謂工作環境的極簡主義，就是在確保基本功能的情

況下，進行物品簡化，比如用一台電腦可以解決的工作就不要再多帶其他的電子設備。有一部分具有心無旁騖能力的人，他們的大腦在處理事物的時候就已經自動開啟了「極簡模式」，即使周圍的環境很嘈雜，他們也不會被干擾到，但是對於更多的普通人來說，這種自動極簡模式基本上很難啟動。這時候就需要我們被迫採取環境的極簡主義，就是提前清除周圍的干擾因素，讓環境處於一種簡單有效的狀態。

那麼，我們怎麼樣才能做到極簡主義呢？

第一，要摒棄「無法捨棄」的固有想法，選擇出「必帶品」。

每一種東西都具有它的價值，每一樣東西都有它固定的作用，通常在我們外出或者辦公時（即要完成一項任務時），考慮要帶的東西大致可以分為三類：A 類為不可缺少的東西；B 類為可帶可不帶的東西；C 類為不需要帶的東西。一般我們都十分確定不可缺少的東西有哪些，但是在面對可帶可不帶的東西時開始猶豫不決，到底是帶還是不帶呢？如果帶了多餘的東西，難免會擠占整理時間和空間，但若是在需要使用它的時候卻發現並沒有帶，那也會是一種麻煩。

遇到這種情況時，首先，我們應該在大腦中想一下這些

物品的使用頻率。以趙州為例，在他的包中有一些東西是不常用到的，比如說特別重的筆記型電腦備用電池、不常翻閱的書，這些物品的使用頻率十分低，通常在我們猶豫這個東西需不需要帶的時候，很大的機率是不需要帶的。其次，我們要根據時間來選擇，時間分為短期時間和長期時間，而物品的使用率也分為長期使用率和短期使用率，有一些物品，比如說筆記型電腦備用電池，如果此時你的電腦已經充滿了電，在未來的幾個小時之內應該用不上，那麼這個備用電池就沒有用武之地，帶上它就是徒占空間。但如果是要出差幾天，這個備用電池就應該帶上了。

同樣地，在現實工作中，需要我們保持幾個小時或十幾個小時的專注，這時我們對周圍環境和物體的選擇度就會變窄，此時我們從手中的物品中挑出必須帶的物品的難度就簡單不少。

研究表明，在完成任務時，當專注度的投射範圍聚焦在 C 類物品時，投射時間越長，任務的完成率越低，但是當專注度的投射範圍聚焦在 A 類物品時，投射時間越長，任務的完成率越高。所以我們要增加環境中 A 類物品的數量，減少 B 類和 C 類物品的數量。

這當中還必須提到分類的重要性。

對每個人來說，當桌面上有一大堆東西時，可以先將東西分類，將零食分為一類，娛樂用品分為一類，辦公用具中電子產品分為一類，紙質文件分為一類，依此類推。接著，選出必須放在桌面上的東西。辦公桌是用來工作的，因此應該將零食與娛樂用品收在櫃子裡，之後再對桌面的紙質文件進行劃分，按照「過期的」與「有效的」進行分類，將「過期的」檔案收納起來，只剩下「有效的」文件，最終辦公桌上將只剩下工作的必需品，這些必需品的使用頻率極高，即使注意力分散，也不會有太多消耗。

分類自然是越精確越好，比如趙州在決定做關於「風景園林」的企劃案時，手邊只需要攜帶與「風景園林」有關的資料即可，如果手邊有「酒店建築」的資料，那麼這類資料對該企劃案來說也是 C 類物品，即不需要帶的物品。

「極簡主義」最關鍵的一點就是找到最重要的東西，在有限的時間內做真正重要的事情，這樣才能減少專注力的損耗，避免將精力耗費在不必要的地方。

第二，雜物取捨具有連鎖反應，有了 A 就會有 B，捨棄

A 就會捨棄 B。

　　趙州的辦公桌上最初也沒有那麼多無關緊要的東西，但自從他的桌面上多了一件與工作無關的東西之後，其他的雜物也越堆越多，這樣的情形對於大多數人來說也是比較常見的。比如你一開始沒有及時扔掉辦公桌上的廢紙，那麼在不知不覺中，它可能會堆積成一座小山；相反地，如果你從一開始就將辦公桌保持得非常整潔，也就不會出現此後辦公桌上堆了一堆廢紙的情況。

　　因此，在遇到這種情況時，從一開始就不能做出錯誤的決定，要意識到雜物的連鎖反應，當你多堆積了一件無關的東西時，另一件無關的東西也可能出現，但當你開始勇敢捨棄不需要的東西時，其他不需要的東西也就容易被丟棄了。

　　我們需要做的便是從源頭杜絕收納不需要的東西，這樣在接下來的時間裡就不用花費太多的時間去考慮是否需要捨棄它們。

　　首先，你得開始觀察你的辦公桌，檢查是否有一些根本沒有機會使用的東西，然後再找到這東西的「朋友們」，當發現這個東西的「朋友們」有很多時，就需要開始進行系列的清理。

其次，在你考慮要不要多加一樣物品時，首先要確定它對你需要完成的任務來說是不是 A 類物品，如果是就考慮添加，那麼與它有關的物品也可以考慮放置進去。

第三，生活環境的極簡性。

蘋果公司的聯合創始人史蒂夫·賈伯斯（Steve Jobs）在生活中就是一個奉行極簡主義的人，他的屋子裡只有一張愛因斯坦的照片，一盞普通的燈，一把椅子和一張床，在這樣簡單的環境中，賈伯斯卻覺得自己的專注力與生活狀態都達到了一種十分舒適的水準。

我的朋友曉艾與之截然相反，她的屋子總是亂糟糟的，物品總是東一件西一件地隱藏在各個角落裡。曉艾發現她不僅經常找不到自己需要的東西，在房間裡還經常會被各式各樣的物品絆倒等等。

我們曾經提到如何快速進入睡眠狀態，其中最重要的一點就是使環境處於適宜睡眠的氛圍，賈伯斯等成功人士大多喜歡簡單的生活環境，這不僅有助睡眠，也會讓自己的思維專注不受別的東西干擾。

雖然大部分人做不到像賈伯斯那樣一把椅子一張床過一生的生活，但是最起碼可以先做到房間整潔與物品歸類。并

井有條的生活對理順我們的思路有利，太過混亂的環境會讓
大腦混亂，因此注意保持生活環境的極簡性十分關鍵。

05 /

你被手機困住了嗎

幾個月前，一向身體健康的王川突然住進了醫院，被醫生確診為腦出血。

腦出血，一般只有年紀大的人才會發病，可是王川才不過三十五歲，就已經因嚴重的腦出血而住院，同病房的病友也有不少年輕人。隨著現代生活節奏的加快，年輕人常年熬夜、作息不規律、工作壓力大、缺乏運動、飲食不均衡等原因，導致腦出血等老年病也越來越常找上年輕人。

王川轉危為安後說，他平時工作繁忙，在工作之外又十分沉迷電子遊戲，經常熬夜到凌晨，隨後早起去上班，這麼多年來他都是這樣度過的，手機更成為他生命中不可或缺的一部分。

但是長期沉迷於手機的壞處卻是顯而易見的，不斷縮減

的睡眠時間使人體的免疫力大幅下降，患病的機率也大幅增加，整天滑手機使人們無暇與親朋好友交流溝通，導致關係疏遠，人也越來越自閉，除手機之外的東西也很難引起我們的興趣了。

據調查研究顯示，90 後是與網路一起成長的一代人，其中網路使用者占了總數的 78%，因玩手機而凌晨兩三點才睡的現象十分普遍，幾乎所有的年輕人都曾有過這樣的經歷，而且票選當今最受歡迎的娛樂項目排在榜首的就是上網。

上網有利有弊，但是對於正在成長中的青少年來說，如果沒有較強的自制力，那麼弊肯定是大於利的，而作為網路的載體，玩手機也是很多青少年無法拒絕的誘惑。

如今越來越多的人意識到玩手機的危害性，「不做手機的奴隸」也成了年輕人的新口號，但實際行動卻比喊口號難得多了。

那麼，我們究竟該怎樣改掉沉迷手機的壞習慣呢？

最重要的是，我們要先認真地審視自己，為什麼會如此沉迷於網路呢？

首先，人都有「趨利避害」的本能與「獵奇心理」。

　　虛擬的網路世界會給人們滿足感，會讓人接觸到高頻率、高強度刺激自己的新鮮事物，並且不需要耗費太多的腦力與體力，可見上網是一項「輕鬆且愉悅」的活動。

　　網路之所以吸引人，最大的原因就是人具有「趨利避害」的本能，會自然而然地選擇有利於自己的活動，比如說不耗費大腦地玩手機。而一些需要動腦並專注來完成的學習和工作，和玩手機相比吸引力就變得微乎其微了。想要改變這種狀況，就必須讓內心的渴望和外在的動力壓制住身體的惰性。

　　我的一個朋友經常晚上玩遊戲到凌晨，為了他的身體健康，家人和朋友都曾勸過他，但是一點作用都沒有，然而在眾人都無計可施的情況下，他卻戒掉了遊戲。

　　促使他戒掉遊戲的原因其實很簡單，就是他所在的公司破產了，他失業了，生活的壓力促使他不得不戒掉了沉迷多年的愛好。

　　「失業在家」這個外在動力很容易就壓制住了身體與大腦的惰性，由此也能看出，很多人之所以戒不掉網路的原因，往往就在於並沒有到山窮水盡的地步，因此可以一直如溫水煮青蛙一樣糊塗度日。

通常只有我們遇到強烈的刺激，如升學、升職失敗、生病、經濟壓力、自我意識的覺醒，或與上司、朋友、家人出現矛盾衝突等情況時，才會想要做出與之前截然不同的改變，這時候不僅是戒網路，甚至一些多年來的壞習慣都能通通改掉。

其次，不習慣孤獨感，將手機錯認為「知己」。

有一項調查指出，「宅在家中的年輕人」的人數正呈現出上升的趨勢。從表面上來看這個數據，當代的年輕人似乎越來越習慣獨處，可是現實並非如此，他們之所以會心甘情願地宅在家中，最主要的就是玩手機代替了與親朋好友的日常溝通。

如今，手機已經不是一個簡單的通訊娛樂工具，在一些人的眼中，它似乎變成了「活生生的人」，一個可以與自己溝通的人。

這歸根結底還是因為手機裡安裝的應用程式越來越多。我的朋友小暖就曾抱怨她在某一天非常孤獨，其實這一天的她與往常並沒有什麼不同，依舊是一個人吃飯，一個人下班，但是她堅持認為之前她的內心並沒有任何孤獨的感覺，而這一天卻不同往日，似乎有一種排山倒海般的孤獨感徹底

淹沒了她。

原因其實很簡單，就是她的手機被拿去維修了，她缺了手機的陪伴，所以感到十分「孤獨」。

對於小暖來說，手機是她的一位朋友，能夠一天二十四小時陪伴她，所以對手機的依賴感會越來越嚴重。

在遇到這樣的情況時，我們就應該審視自己，自己與外界的聯繫有哪些？有自己親密的朋友嗎？有自己需要陪伴的親人嗎？有自己無比熱愛的東西嗎？在這一天裡，我們都與哪些人有過交流，花費了多長時間？

然後我們再開始一一回憶自己的正常生活，通常沉迷於手機的人有這樣的特點，在空閒時間裡沒有自己想做的事情，與外界的聯繫較少，與親朋好友的關係不夠親密。

當我們發現自己出現這樣的問題時，就要注意一下自己有沒有「社交恐懼症」，還要提高自己對親情與友誼的珍視度，避免因為沉迷手機而與親朋好友逐漸疏遠。除此之外，我們還應該恪守用餐禮儀，在有長輩參加或者正式場合下不要玩手機。

最後，對人生規劃迷茫，不善於利用自己的碎片化時間。

　　在當今社會，一些年輕人對自己的人生規劃十分不明確。我們時常會聽到「學這些有什麼用，將來也不一定會用到」、「現在年紀已經大了就不要再亂折騰了」、「我沒有夢想，只想混吃等死」這樣消極的話。人生目標不明確的人十分容易陷入頹廢的溫床之中，而手機就是在這個溫床中最唾手可得的物品。通常在我們不知道下一刻需要做什麼時，就會選擇瀏覽不用動腦思考的網路來麻痺自己，這種情況一旦開始，想要控制住自己就需要極高的自制力了。

　　本來想要提高自制力和專注力就是需要透過降低上網的頻率來加強的，而一旦當我們處於頹廢之中，感到人生迷茫時，就很容易被手機誘惑。所以，為了避免讓自己陷入這樣的境地，我們從最開始就要為自己找到一個明確的人生目標，即使最初找的並不準確，也不要氣餒，因為可以透過後期逐漸修正方向來達成目標。切記，一定不能在一開始就讓自己過度閒適。當我們找到了自己的人生目標後，那所擁有的碎片化時間對我們來說，就是一筆寶貴的財富，我們可以在這些時間中做有意義的事情來提升能力。

　　對症下藥，在了解我們究竟是因為什麼才沉迷於手機之後，才能找到合適的方式將自己拉出無盡的網路世界。

第一，我們要採取外力手段來自我克制。

手機最大的特點就是它的「易得性」，因為它便於攜帶，隨時隨地都可以拿出來瀏覽，所以加重了我們對它的依賴性。其實，將手機放到看不見的地方是減少玩手機頻率最有效的手段，除此之外，也可以將手機提示設為靜音，或者是斷了無線網路等，但這些都是在處理緊急事務不希望被干擾的前提下使用的方法。

第二，我們不能將手機作為排遣孤獨的唯一方法。

大多數人沉迷於手機，就是被一些一閃而過的聊天訊息以及一些素不相識的人發的無關緊要的動態吸引了，雖然這些看起來讓我們與別人的距離十分接近，但是事實上，如果沒有現實的支撐，這種距離依然是陌生人與陌生人的距離。

我們在沉迷於玩手機時，也正在將與別人之間的關係拉遠，實際上面對面溝通才是增進感情最有效的方式。我們可以選擇約朋友一起逛街娛樂，與家人認真地吃一頓飯或者出去結識一下新的朋友，這些都是緩解手機依存症的方法。請記住，注意現實生活中的感情交流是非常重要的。

第三，適當給自己回饋。

在我們漸漸不再沉迷網路的時候，或許會迎來一段嶄新的生活，若是這種生活是我們之前一直渴求的，那麼我們就會對它上癮，從而戒掉對網路的癮。

因此，我們要記住自己所獲得的正回饋，比如說良好的睡眠、日益改善的人際關係、有效利用的碎片化時間，這些都是擺脫手機與網路依存症後帶來的好處，不斷地用這些來告誡自己，我們才不會將一切推倒重來，又回歸之前的生活。

記住，控制住自己對手機與網路過強的欲望，才能走向由自己掌控的生活。

06/

刻意練習

　　周理是一家公司的老員工，他在公司經手了不少項目，但是近年來卻越來越覺得力不從心，因為他發現有一些新來的員工在工作了幾個月之後，工作能力竟然已經漸漸追上了他。周理對此十分納悶，大家都是層次相近的學校畢業，又都是相同專業出身，為何他多了那麼多年的工作經驗，工作能力卻並不比新員工出色？

　　周理曾經不只一次向我抱怨，他曾經花費了很長時間在一個工作上，但到頭來這個工作卻一點起色也沒有，究竟是哪裡出了問題呢？而且自己的工作效率與學習能力也並沒有得到多大的提升，時間難道就這樣白白浪費了嗎？這其中究竟有什麼不為人知的原因呢？

　　周理一直奉行「一萬小時定律」，同時也認為，在一個

專業領域，花費更多時間的人會比只有少量時間投入的人更為出色，因此當他以為自己已經有了多年累積的經驗，理應比初出茅廬的新員工能力更強，然而事實卻並沒有如他所願時，他受到了挫折，甚至開始懷疑「一萬小時定律」是否有效。

專欄｜一萬小時定律

「一萬小時定律」是由作家麥爾坎・葛拉威爾（Malcolm Gladwell）在《異數》（Outliers: The Story of Success）這本書中提出的，他曾說：「人們眼中的天才之所以卓越非凡，並非天資超人一等，而是付出了持續不斷的努力，一萬個小時的錘鍊是任何人從平凡變成世界級大師的必要條件。」

經過很多人的探索，大家漸漸默認了一個事實，如果每一天工作八個小時，一週工作五天，那麼成為一個領域的專家至少需要五年。舉一個例子來說，你要成為一名優秀的建築師，你需要在建築行業花費一萬小時的時間，這樣你才能夠有所成功。

　　我們都知道，經驗也是能力的一種，經年累月堆積來的經驗確實能夠拓展人們的思維，幫助人們規避不少錯誤，讓人們發揮出自己的能力。但「固有經驗系統」也有缺點，如果過於依賴大腦裡的經驗系統，就會自動選擇省時省力的方式來解決問題，但這樣做的結果是，通常人們只能解決之前曾遇到過的問題，而對後來新增加的問題往往會束手無策。

　　就像是你之前接手過某一個專案，之後再遇到相同的問題時，你大腦中的固有經驗系統就會趨利避害，選擇用之前用過的範本來解決專案問題。這樣做並不能說錯了，因為你會中規中矩地完成這個專案，但缺陷就是缺乏創意，長此以往，經驗系統只有這套範本得到了鍛鍊，其他能力自然得不到提升。

　　很顯然，如果只靠這個局限性很強的「固有經驗系統」工作自然是不完善的，因為憑藉著「經驗系統」堆積出來的工作時間其實不是有效時間，不能算在這一萬小時之中，這一萬小時中的時間最主要的還是依靠我們大腦中的「認知分析系統」。

　　以周理為例，他在接手一個工作專案的時候，第一選擇就是讓大腦的「固有經驗系統」發揮作用，根據以往的經驗

來完成專案。這是一種無意識的工作狀態,過程輕鬆但是收穫的知識和能力較少,因此他雖然時間用得比較少,看上去似乎能力更強,事實卻並非如此。而他的同事在接手一個專案時,會切換到有意識的學習工作狀態,努力去發掘新鮮事物來擴充自己的知識庫,這個過程雖然不輕鬆,但是收穫的知識和能力卻大大增加。

這種有意識的學習工作狀態要依靠我們大腦的「認知分析系統」,而增強大腦的「認知分析系統」最關鍵的一點就是刻意練習。

刻意練習是美國佛羅里達州立大學的心理學家安德斯‧艾瑞克森(Anders Ericsson)率先提出的,如下圖所示。

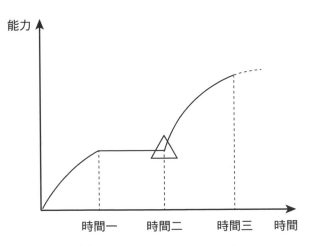

時間二為刻意練習開始的時間點

在時間一到時間二這段時間內，不需要採用刻意練習的方式，只要花費時間，完成這個目標的效率就會大幅增加，但是接下來，在時間二到時間三這個時間段內，我們會陷入瓶頸期，在這個瓶頸期內，如果我們接著採用無意識的玩樂狀態，我們的個人能力就會一直處於無法提升的狀態，接下來如果不做出改變，個人的能力就會止步於此。

因此在時間二這個時間點，我們大多數人都會發現只依靠自己的「固有經驗系統」已經沒有作用了，這個時候就是「刻意練習」發揮功效的時刻了，只有透過刻意練習，才能度過這個瓶頸期向更高的平台邁進。

怎樣才能進行有效的刻意練習呢？

首先，我們要完善細節，遠離得過且過的態度。

《中庸》曾經說過，「致廣大而盡精微」，要做成大事，就要在細節上盡善盡美，刻意練習中最重要的一點就是完善細節，遠離得過且過的態度。

周理在工作中就經常在細節上含糊，比如他接手一個專案後，每次遇到需要查資料的時候，他會先在腦中搜尋一

下，一般在找到類似的問題時就會憑著自己的記憶來完成任務，不再繼續查詢資料。然而一些同事卻會花很多時間透過各種管道查找資料。雖然周理做出來的效果和同事做出來的效果差不多，但是他頭腦中的資料儲存會有一個枯竭期，而同事卻在源源不斷地補充知識和儲備資訊，並觸類旁通。

這只是一處小細節，還有其他細節周理沒有注意到，他只注意到了他花的時間，而沒有注意到這些需要不斷完善的細節，這些細節才是拉開人與人差距的關鍵。

當我們注意到自己經常說「差不多就好」、「這點無所謂」、「看上去都一樣」這些話的時候，我們就沒有處於刻意練習的狀態中，而是依舊在無意識的玩樂狀態中徘徊，這將是我們邁向更高層次的絆腳石。

其次，我們需要內在驅動力，跳出自己的舒適圈。

在眾多行業領域中，一個頂級專家與普通人員最大的不同便是前者喜歡不停地處理不擅長的事件，而後者則是喜歡在自己的舒適圈裡重複做事，大部分普通人都是如此，他們更喜歡做一些沒有難度的事情。

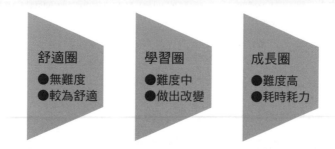

舒適圈
●無難度
●較為舒適

學習圈
●難度中
●做出改變

成長圈
●難度高
●耗時耗力

　　刻意練習的關鍵就是「跳出自己的舒適圈」。心理學家曾經針對人對知識和技能掌握程度的不同，來劃分舒適圈、學習圈、成長圈。處於舒適圈就是在重複地做擅長的事情，沒有太大的難度；成長圈就是突破了自己的瓶頸，在進行刻意練習的過程中提升自己；而兩者之間的學習圈其實就是一個過渡區，在這個區域裡我們開始反思自己所處的舒適圈的弊端，而對前面的成長圈產生了渴望。

　　在學習圈內緩緩增加練習的難度，才能走出舒適圈，邁向成長圈。

　　我的朋友周理現在就是處於一隻腳跨入學習圈的狀態，他已經開始審視自己所處的狀態是不是太過舒適了。一般在意識到自己的能力沒有提升時，就擁有了突破舒適圈的想法，但是只有想法還不夠，我們必須獲得強大的內在驅動力

才能讓另一隻腳跨入學習圈。

　　我們要問自己的目標是什麼，是榮譽還是金錢，還是可以擁有用武之地，我們距離這個目標還有多遠。比如說一個籃球運動員想要打進職業聯賽，他就不可以三天打魚兩天晒網地練球，一個想要成為行業專家的人，就不能逃避現在所遇到的種種困難。

**　　最後，我們要尋求別人的幫助，避免閉門造車。**

　　一般在朝著一個目標前進時，有時也會走入一個死胡同裡，當處於這種狀態中時，我們就相當於沒有了反觀自身的鏡子，看不到自己究竟在做什麼，等於將自己放在了一個黑暗的環境中，得不到一絲一毫的回饋。

　　回饋對於刻意練習來說，就是一盞指路的明燈，它一般由老師和朋友提供，這樣我們才能知道自己做得究竟好不好，還有哪些問題需要改正，憑藉這些回饋我們才能夠更了解自己。

　　在我們了解這些練習結果之後，才能夠刻意地訓練自己避免這些錯誤並彌補不足，這才是真正的練習。如果只是一味地接受回饋，而沒有一絲一毫的改變，那麼這種回饋就沒有任何意義，只有針對自己錯誤的地方做出改變，我們才能

取得進步。

　　周理最初也喜歡閉門造車，但是之後他做出了改變，他向同事與上司徵求意見，在知道他們對自己工作上的看法之後，才恍然大悟，原來之前工作效率確實出現了問題。後來，他總結了之前的教訓，工作終於獲得了突破。

　　可見，擺脫無意識的工作狀態，進入刻意練習的狀態是至關重要的，這樣我們才能離開舒適圈，走向成長圈。

關鍵指南

● 與目標無關的「重複無效思維」經常會占據人的大腦，使人對目標的專注度大幅降低，而運動會大幅減少這種「重複無效思維」的產生與循環。

● 適當及時的整理手機應用程式及電腦軟體，減少電子產品的干擾，減少大腦的負荷，注意力才不會被時不時打斷，才能更專注於目標本身。

● 在我們加速前進卻不堪負荷的時候，應該增加「逸」的時間，而在我們停在路上的時候，則應該增加「勞」的時間，合適的「勞」與「逸」的比例才能讓我們的工作或學習更為有效。

● 如果大腦沒有將注意力及時拉回來，那麼重新聚焦注意力就會難上加難。遇到這種情況，我們可以採取「極簡主義」的方式來解決干擾的問題。

● 這種有意識的學習工作狀態要依靠我們大腦的「認知分析系統」，而增強大腦的「認知分析系統」最關鍵的一點就是刻意練習。

"

第五章

把精力聚焦，
才會使情緒遠離紛亂中心

01/

不做「缺陷思維者」

處理事情時，每個人都有自己的思維方式，有些人固執執拗，有些人圓融變通，還有些人順其自然無為而治，這些不同的思維方式顯現出了人的差異性。但在工作中，有些「缺陷思維」是我們應該避免的，因為這些缺陷思維會將我們推向生活的深淵。

其實，大多數人或多或少都有一些缺陷思維，輕微的缺陷思維無傷大雅，並不會對生活造成太大的影響，但是擁有嚴重缺陷思維的人，他們的生活與工作都會不可避免地與正常人產生差異，這些人可能經常會出現情緒失控或能力下降等一系列問題，這些都是需要我們特別警惕的。

我的朋友周濤曾經就是這樣的「缺陷思維者」。他本來

是一名普通的公司白領，在工作上既不突出也不落後，可是在經歷一場家庭變故之後，性格出現了改變。起初周圍人對他的改變都沒有注意到，直到後來他的性格缺陷表現得越來越明顯，行為處事越來越極端，甚至有一次在辦公室，他的情緒突然開始不受控制，突然大哭大鬧，讓其他同事無法正常工作後，他身上的問題才引起了重視。

後來他經過了較長時間的心理諮商治療之後，生活才慢慢步上了正軌。

這種情況是一種非常極端的情況，當我們的思維受到大幅度的影響之後，行為便不受控制地出現偏差，大腦會被一些紛雜無用的思緒擠占，專注力也會迅速下降。所以，我們要在缺陷思維最初發展時就將其控制住，才不至於在最後事態無法控制時後悔莫及。

那麼，普遍的「缺陷思維」有哪些？我們又應該如何應對這些缺陷思維呢？

第一，全或無思維。

周濤就擁有很嚴重的「全或無思維」，他經常把任何事情都看成是「非黑即白」的，如果某件事情做得不好，他會認為這件事基本上等於沒有做，接著會否認掉之前的所有努

力。比如，上司交給他一項工作，他如果在完成工作的最後一步犯了錯，導致沒能很好地完成，那麼他就會覺得這項工作做得一無是處，即便他曾為此付出過很多努力，以及做出了很大貢獻，他的內心依然會產生一種消極的想法，即「我實在是太沒用了，這點事情都做不好」。他甚至從不會產生「就差一步就可以完成了，再把最後強化一下就成功了」的積極想法。

所謂「全或無思維」就是用「非此即彼」的角度看問題，這兩者之間沒有一絲緩衝的地帶。具備這種思維的人一般都是能力不足的「完美主義者」，他們為自己設下了太多的要求，每一處細節都要做到完美，不然就會煩躁不安。擁有這種思維方式的人，往往到最後會發現自己有大部分事情都做不到，內心會因此逐漸變得崩潰，到最後甚至會產生自暴自棄的心理。在這種情況下，他們特別容易走向極端。

第二，誇大或弱化思維。

大部分人都會不經意地誇大成就或者弱化缺點，但如果這種思維不受控制地越來越偏離正常值，就會產生其他意想不到的結果。

我的朋友夢美就屬於會經常性誇大事情到有害程度的

人。前不久，我們幾個朋友一起去吃飯，在服務生上菜的過程中，夢美為了躲開菜盤，而不小心將餐廳的茶杯打碎了。原本這沒什麼大不了的，只需要賠償一點錢就可以了，但夢美心裡卻不這麼想。她非常懊惱，甚至聯想到最近一段時間的各種倒楣事，她覺得都是自己太沒用，才會做什麼事情都倒楣，做什麼事情都不成功。最後，在整個用餐過程中，她還是糾結「怎麼就這麼不小心，打碎了杯子呢」等等。

擁有誇大思維模式的人，往往都會像夢美一樣，能夠從打碎杯子這一件小事衍生到生活中的方方面面，從而產生對自己的厭棄，直到最後對自己全盤否定。

還有一點就是弱化自己的能力，我的同事李娜就屬於這一種情況。當上司交給她一項全新的工作專案之後，她會經常性地手足無措，認為自己的能力不行，無法勝任這項工作，即便她的能力已經很棒了，足以做好各種事情，但她還是會首先否定自己。除此之外，她在嘗試其他任何新鮮事物時，也會本能地不斷向後退縮，因為她在潛意識裡就認為自己能力不行，做不成任何事情。

這種「誇大或弱化思維」容易使人擺不正自己的位置。試想一下，如果我們一味地退縮，那麼最後自然無路可走，肯定也做不成任何事情，甚至連正常的生活都會出現問題。

第三，非理性思維。

亞里斯多德（Aristotle）曾經寫過這樣一句話：「情感是所有這樣的感覺：它們改變著人們，影響著人們的判斷，並且還伴隨著愉快和痛苦的感覺。」確實如此，感情可以輕易地影響著我們的判斷能力，在大部分情況下，感情用事經常會耽誤一些重要的事情，如果一個人不夠果斷，總是猶猶豫豫，當斷不斷反受其亂就是最有害的結果。

情緒化地處理事情會使我們忽略很多重要的事情，通常我們會把自己的情緒與他人的情緒進行連結，然後習慣性地認為別人也是單純用感情與自己溝通。以周濤為例，當他因為工作態度不夠認真而受到上司批評時，他認為是上司故意針對他，而不是上司對客觀事實產生的正常反應，而且在之後遇到低聲說話的同事時，他會疑神疑鬼，懷疑同事是不是在背後說他的壞話。

「過度的反應」就是情緒化處事最直觀的反應，當我們自己用情緒化的「非理性思維」來思考問題時，通常會認為別人也是感情用事，但是事實並非如此，別人可能只是理性地指出問題所在。經常採取「非理性思維」來看待問題的人經常會曲解他人的意思，更有甚者會慢慢地否定自己的價值，從而越來越沒有辦法理性思考。

第四，偏執錯誤思維。

有時候，在事情的最後結果還沒有出來時，我們會率先對結果進行預估，很多時候會偏執地認為這件事已經失敗了，結果已經沒有懸念了。

在生活上，我們有時候會錯誤地判斷別人的態度，在別人還沒有與我們溝通時，就認為別人可能很不喜歡自己或者對自己有偏見。這些都是建立在主觀感覺的基礎上的，並沒有太多的實踐支撐，可是我們依舊十分偏執，認為事實一定是這樣。

如果預估未來的結果是好的，那麼會提升人的信心，但是大部分擁有「偏執錯誤思維」的人，通常對結果的預估都是不好的，這無疑會極大地打擊他們的自信心。我的一位朋友是做廣告企劃的，她在做企劃案時，經常會遇到一個問題，即當她做到一半時，會悲觀地認為這項方案不會通過，或者即使通過在市場上也不會引起太大的反響，而這些想法的最直接影響就是她在做企劃案時，經常會躊躇不前，最後很難成功，而這也直接導致了她在公司的職位競爭中一直處於不利地位。

其實，全或無思維、誇大或弱化思維、非理性思維、偏執錯誤思維都是「缺陷思維」，這些思維如果控制不當，就

會像前文提到的幾位朋友一樣，對生活和學習產生惡劣的影響。

那我們究竟應該如何避免產生這些「缺陷思維」呢？最主要的就是需要建立一套屬於自己的思維模式，這一套思維模式因人而異，但是總體上可以歸咎如下：

缺陷思維調節模式：認識事件—整理想法—識別缺陷思維類型—進行自我對話—新建正確思維。

以「全或無思維」舉例，當我們開始單純用「對錯」或「好壞」來評價一件事或一個人時，可能就已經有了一種「全或無思維」的傾向，如果這種思維進一步拓展，很有可能會陷入困擾之中。

一般到這一步的時候，我們可能已經認識到自己的缺陷思維了。此時，我們可以選擇與自己對話，從相反的方向來反問自己：「這件事真的只是單純的錯了嗎？難道我們無法從中發現一些經驗教訓嗎？」、「難道我們事事都要做得那麼完美嗎？」、「人真的只有好壞之分嗎？不可以有其他的評價方式嗎？」

　　然後我們再來一一回答自己提出的問題：「即使有做錯的事情，其中也有值得我們借鏡的地方」、「沒有完美的事情，每個人每件事都會有一些不足」、「人不可以用非黑即白來簡單評判，要視具體情況來具體分析」。

　　當我們開始在心底勸慰自己時，就已經避免了思維僵化，已經意識到了自己的缺陷思維，也開始重新建立起正確思維，而與自己對話的過程其實就是缺陷思維的倒塌、正確思維的覆蓋過程。

　　其他的幾種思維也可以用這種方式來改善，不過最重要的還是要意識到自己究竟在哪裡有缺陷，只有能正確意識到自己的不足，才能更好地改正自己的缺陷思維，避免走向極端。

02/

停止只關注「消極情緒」或
「積極情緒」

　　情緒是我們每時每刻都在產生的，只要我們處在環境之中，周圍的事物就會使我們產生各式各樣的情緒，隨著環境的改變，情緒也會不停地變化，情緒大致上分為積極情緒與消極情緒兩種。

　　拿破崙（Napoleon Bonaparte）曾經說過，能夠控制好自己情緒的人，比能拿下一座城池的將軍更偉大。有些人可以很好地掌控這兩者之間的關係，讓這兩種情緒處於一種動態的平衡之中，但是有一小部分人的情緒經常處在失衡的情況，他們被單一的消極情緒或者積極情緒推著前進，最後情緒失控，做出不可理喻的事情。

　　在我的周圍也有一些這樣的人，他們上班時萎靡不振，提不起半點興趣，下班後卻生龍活虎，比工作時的狀態不知好了多少倍。不過，在遇到自己喜歡做的事情時，總能出色地完成，比如在上司要他為公司舉辦一場團體活動時，他就能將所有流程安排得井井有條，讓人十分滿意。但是在做其他工作時，卻總是做不到拚盡全力，即便最後也能按時完成任務，但從工作狀態就可以看出他經常心不在焉。究竟是什麼原因導致人會出現這兩種截然不同的狀況呢？

　　就情緒方面來說，在工作上萎靡不振是由於消極情緒戰勝了積極情緒，導致整個人被懼怕、厭棄、退縮之類的消極情緒影響，自然沒有辦法達到自己的最佳水準。而在其他方面十分優秀的原因便是積極情緒戰勝了消極情緒，在這種情況下，其情緒達到了巔峰狀態，能力就會發揮到較高水準，完成目標自然得心應手。

　　那什麼是消極情緒？什麼又是積極情緒呢？

　　消極情緒：一般指在受到負面刺激時，身體產生的不利於自己正常思考的情感，包括恐懼、悲傷、憤怒、貪婪、痛苦、嫉妒、仇恨等。

　　積極情緒：一般與消極情緒相反，指在受到正面激勵

時，身體產生的有助於自己正常思考的情感，包括愛、希望、同情、樂觀、自信、忠誠等。

不管是消極情緒還是積極情緒，都是人體與生俱來的情緒，但是這些情緒仍舊可以分為正常情緒與不正常情緒。

正常情緒：有適當的原因和反應適度的情緒。我們在工作中遇到困難時，可能會產生懊悔與輕微恐懼的情緒，而在遇到特別高興的事情時，會產生喜悅愉快的情緒，這些都是正常的反應。因為這種情緒的產生有足夠的動機與誘因，而且情緒具有暫時性，基本上在一段時間之後就會漸漸消失。

非正常情緒：沒有適當的原因和反應過度的情緒。一些無緣由的情緒爆發，如莫名其妙地哭泣大喊，這些情緒的產生沒有理由，基本上沒有一點徵兆，有的人就會突然被逼到情緒崩潰的邊緣，這樣過度的反應顯然是不正常的。

成功者總能控制自己的情緒，失敗者被自己的情緒控制。在了解積極情緒和消極情緒，以及正常情緒與非正常情緒之後，我們就應該考慮如何調節自己的情緒。

首先，要意識到情緒具有複雜性、多樣性和不穩定性。

　　正常的情緒一般具有明顯的外部表現，但是有一部分內斂的人會刻意壓抑自己的情感，來隱藏自己的情緒。我認識的一個 Y 先生，在我們這裡是出了名的「好脾氣」。他在工作上不爭不搶，在為人處世上不喜不悲，雖然很少與人有矛盾，但是也沒有太多交心的朋友。

　　Y 先生認為表達自己的情緒是不禮貌的，他甚至沒有意識到敢於情緒外露才是人的正常反應。情緒本來就具有複雜性，經常由多種情緒混合在一起產生「複合情緒」。情緒還具有多樣性，積極情緒與消極情緒包含著各式各樣的情緒，種類數不勝數。情緒更具有不穩定性，它的變換過於頻繁，甚至在數十秒的時間內就可以切換到一種截然不同的情緒。

　　如果我們沒有意識到情緒的這些特點，認為這些表露出來的情緒是一種不正常的狀況，從而動用太多大腦的自制力來控制情緒，這才是不正常的做法。在大部分情況下，高興時開懷大笑，悲傷時放聲大哭，這些外露的情緒可以更好地釋放出人的壓力，調節人的大腦機能。

　　其次，要意識到情緒的正面促進作用與負面抑制作用，從而更好地判斷情緒。

　　積極情緒有很強的正面促進作用，當大腦被積極情緒占

領時，我們做事的效率以及能力都有很大的提升，人也精氣神十足，乃至工作、考試都會有超水準發揮。

消極情緒有極強的負面抑制作用，使我們感到異常難受，甚至會影響到正常的活動，它不可避免地降低人的工作效率，有時甚至讓人行為失控，做出遺憾一生的事情，最主要的是，它會極大地影響我們的身體健康，甚至導致疾病的發生。

所以，我們一定要關注自己的日常表現，如果經常做事效率不佳，打不起精神，就要考慮自己是不是被消極情緒支配了。同時，也要關注身體健康狀況，如果身體不佳，那麼也應該認真思考是不是被消極情緒導致的心病影響了健康。

最後，如果消極情緒總是壓倒性地戰勝積極情緒，就該選擇合適的方式來調節情緒。

第一，迴避法。

當我們在遇到「負面刺激源」的時候，身體內的消極情緒會不可避免地爆發出來，隨著不斷接觸負面刺激源，消極情緒會不斷增強，接觸時間越長，消極情緒持續的時間也越長。

因此，降低消極情緒影響最好的辦法之一就是採取迴避

法遠離負面刺激源。

我身邊有很多人總是觸景生情，他們在遇到困難或碰到能夠擾亂自己情緒的物品時，會一直邁不過這道坎，從而陷在情緒泥沼中不可自拔。比如一位和我在業務上有往來的合作方就經常會因為一些傷心事或煩惱事而讓自己困在悲傷、煩躁的情緒中，導致我們的工作流程無法順利進行下去。他做不到及時有效地迴避這些負面情緒，不能很好地轉移自己的注意力，一直被消極情緒掌控。

其實，我們可以透過改變注意焦點的方式讓自己迴避負面情緒，比如在聽到不愛聽的話卻又無法反駁時，可以考慮戴上自己的耳機聽一首輕音樂，或者在看到自己不想看見的東西時，可以選擇將目光放在別處，去看一部輕鬆的電影或者出去放鬆一下。

第二，採取心理暗示法。

心理暗示法也是驅走消極情緒的有效方法之一，它的核心就是從另一個角度找到事物的積極影響，然後用這些積極的想法來不斷暗示自己。

比如，工作任務完成得不夠出色，與他人相比有差距，卻已是自己的最好水準時，就不應該再完全否定自己，不能

說「我實在是太沒有用了，什麼也比不過別人」或「我這個樣子就是無論如何都追不上別人」，而應該用心理暗示的方式安慰自己，「這一次已經比上一次進步不少了，實在是超出了自己的預期」或「就是真的達不到想要的效果，這接下來的後果也是自己可以承受的，沒有什麼大不了」。

這個方法適用於被過度的消極情緒包圍的時候，能夠避免自己陷入長時間的自怨自艾當中，如果在面對輕微的消極情緒時也使用這樣的方法，反而會讓人越來越失去向上的動力，所以凡事適可而止，找到最適合的程度來調整情緒才是上策。

第三，採取合理發洩法。

消極情緒鬱結在心中會導致人的心理出現問題，就像是毒素堆積在自己的身體中，會威脅到人的健康，此時最好的方式就是將「消極情緒」釋放出來。

眾所周知，大哭一場會讓壓力得到釋放，它是人擺脫消極情緒最快速的方法之一，一般在適當的場合哭出來會讓難過的心情平復不少。除此之外，我們還可以透過向他人傾訴的方式來緩解自己的消極情緒。

更重要的是，我們可以進行舒緩的、有助放鬆心情的運

動，或是劇烈的無氧運動來發洩自己的情緒。在前文中我們已經提到了關於運動的好處，這裡不再做詳細說明。

　　總而言之，我們要使身體產生的積極情緒大於消極情緒，這樣大腦才不至於混亂得不聽使喚。這期間，我們可以透過迴避法轉移注意力，用心理暗示法以及合理發洩法來應對，這樣才能使積極情緒以壓倒性的優勢戰勝消極情緒。

03 /

排除「錯誤個人化」和 「錯誤他人化」

　　在工作生活中，我們經常會遇到這樣的問題：一個工作小組在商討企劃方案時，期間出了一些問題，導致結果不太完美，這時候大家就要開始尋找錯誤的原因。

　　其中有一種人喜歡把錯誤歸咎到自己的身上，「肯定是我做得不好」、「都怪我都怪我」、「抱歉，給大家添麻煩了」等是他們最常說的話。還有一種人喜歡把錯誤完全歸咎到別人身上，「你不行，就是你做錯了」、「都怪你，要不是你我們也不會有這麼大的損失」等是他們標誌性的語言。

　　只要人生活在群體之中，以群體為基礎開展活動，就不可避免地會在遇到問題時需要「認領錯誤」：這個結果究竟是誰的錯呢？

　　在我們公司實習的陳維與古利曾經是一對非常要好的朋友，他們一路從國中同班到大學同校，期間並沒有發生過太大的矛盾。但突然有一天，他們卻同時發動態說彼此已經斷交。起初我們幾個和他倆關係還不錯的同事都沒當回事，以為只是鬧了些小矛盾，過幾天就好了。直到後來，我們再也沒有看到他們兩人一起吃飯，才意識到了問題的嚴重性。

　　我十分納悶關係曾經這麼融洽的兩個人怎麼就形同陌路了呢？在與他們交談之後，我才漸漸知道了其中的原因。

　　事情起源於一次訂飛機票。兩人所在的大學離家鄉較遠，逢年過節都需要提前購買機票，本來一直都是購買假期第一天的機票，所以陳維這次並沒有打招呼，直接訂了兩張當天的機票。而矛盾也就因此產生了。

　　因為古利在假期第二天還需要參加一項活動，不能按照以往的時間回家，但是他因為熬夜趕論文而忘了傳訊息給陳維說明情況，陳維就按照慣例幫古利代訂了機票。

　　大學假期正值出遊高峰，兩人因為訂錯機票而不得不退票重新訂，但最終還是沒能買到合適的機票及時回家。兩人因此都十分生氣，陳維認為古利並沒有事先通知他，導致自己訂錯機票，而古利認為陳維應該事先問他一下再做決定。

　　這本來是一件小事，但最終卻導致兩人心存芥蒂，原因更在於陳維是一個喜歡將錯誤歸咎在自己身上的人，而古利卻是一個喜歡推卸錯誤的人，兩人原本也是相安無事，可是「訂錯機票」這個導火線卻導致了陳維突然爆發，而古利依舊我行我素，最後兩人翻起舊帳，竟然鬧到了斷絕關係的地步。

　　這究竟是誰的錯呢？

　　其實這件事的錯誤並不能歸咎到某一個人的身上。如果陳維在購票之前能夠提前問一下古利自然不會鬧烏龍；同樣地，若是古利能夠及時告知陳維自己的情況，陳維也就不會訂錯票了。

　　雖然並不能很好地判定誰對誰錯，但不合理地認領錯誤會導致一系列負面情緒的產生，完全將「錯誤個人化」，將錯誤歸咎到自己頭上會使人產生沮喪、懊悔等負面情緒，而完全將「錯誤他人化」，一味地將錯誤歸咎在別人頭上，也會導致我們產生不恰當的情緒，比如對別人發脾氣等。

　　此外，習慣「錯誤個人化」的人更容易走向極端，這種人在經歷過重大刺激之後容易走向「錯誤他人化」這條路，這樣事情就會變得更為棘手。

錯誤個人化：把錯誤歸咎於自身，是一種「以別人為中心」的表現，它的缺點就是太過關注別人的看法，標誌性情緒是沮喪、懊惱。

錯誤他人化：把錯誤推到他人身上，是一種「以自己為中心」的表現，它的缺點就是對自己過於遷就，標誌性情緒是憤怒。

我們在工作和生活中或多或少地都會有錯誤個人化與錯誤他人化的傾向，在一些極端情況下，錯誤個人化與錯誤他人化可以同時存在於一個人的身上，這會導致情緒極不穩定，稍有不慎就會出現無法挽回的後果。

美國心理學家艾理斯（Albert Ellis）有一個著名的 ABC 情緒理論。這個理論認為激發事件 A（Activating Event）只是引發情緒和行為後果 C（Consequence）的間接原因，而引起 C 的直接原因則是個體對激發事件 A 的認知和評價而產生的信念 B（Belief），換句話說，人的消極情緒和行為障礙結果（C），不是由於某一激發事件（A）直接引發的，而是由於經受這一事件的個體對它不正確的認知和評價所產生的錯誤信念（B）直接引起的。

　　簡單來說，就是事情發生之後，不同的情緒會導致不同的結果，一個積極樂觀的人與一個頹廢沮喪的人在面對相同的情況時，事情的結果往往大不相同。

　　情緒則主要源自自己對生活的評價，有些人習慣往好的方向思考，有些人習慣朝著壞的方向思考。

　　就錯誤個人化和錯誤他人化來看，這兩種都在向差的方向思考，如果不能及時糾正這樣的看法，人就會朝著差的結果邁進，那我們究竟應該如何有效排除錯誤個人化與錯誤他人化呢？

　　艾理斯在 ABC 理論之後還提出了 DEF 的治療措施，D（Disputing Irrational Beliefs, Disputing）是干預，E（Effect）是效果，F（New Feeling, Feeling）是新感覺，在這裡我們著重介紹干預法。

　　首先，我們要學會判斷出自己的情緒，究竟是沮喪為主還是憤怒為主？

　　錯誤個人化的標誌性情緒就是沮喪，人們在遇到因為自身的失誤而導致團隊合作的成果受到損害時，會不可避免地產生自責的情緒。隨著事情嚴重程度與時間的推移，自責

的情緒會不斷擴大而變成沮喪，這時候我們會對自己的能力產生懷疑，會不斷地反問自己，「我為什麼這點事情都做不好？」、「我究竟待在這裡還有什麼意義？」、「他們雖然嘴上沒說，但是一定不歡迎我」，這些負面的想法會一步一步地加重人的負面情緒。

與之相反，錯誤他人化的標誌性情緒就是憤怒，在我們認為是別人的錯誤導致失敗時，就會對那個人產生怒火，怨恨他為什麼不更仔細認真一點，這樣的話，自己就不會遭受損失。此時，我們可能會說出一些刻薄的話或者做出粗暴的行為來表達憤怒。

在判斷出自己的情緒之後，我們則可以將錯誤個人化與錯誤他人化對號入座，從而更認識自己。

其次，要意識到導致錯誤的原因是複雜的，錯誤個人化與錯誤他人化都不是主要原因。

單一的錯誤會導致完全的失敗嗎？可能不會。

完全的失敗是由於大量的錯誤因素堆積在一起才形成的，就像是一艘環球航行的船，如果在路途中稍微偏離了一點位置，只要目標明確，它依舊會到達終點，除非它不斷地偏離既定的航道，才會遠離目的地。

　　個人的錯誤與他人的錯誤都不是做事失敗的主要原因，它們只是導致錯誤的部分因素。陳維在與人交往時經常將自己放在一個比較卑微的位置，「都是我的錯」這句話經常會從他的口中說出來，即使真的不是他的問題，別人也會習慣性將問題都推在他的身上，畢竟他自己都說「都是我的錯」了，不是嗎？那麼其他人又何必再費力去其他人身上找原因呢？

　　習慣錯誤個人化的人性格普遍比較軟弱，並且會太過於在乎別人的看法，這種人應該適當地轉換觀念，提升自信，應該記住「這麼多人一起完成的事情，怎麼可能只是我一個人的問題呢」這句話，從外界找尋一下錯誤的原因，最好不要對一切錯誤指責照單全收。即使做不到有效反駁，也不需要一味委屈自己。當然，這是建立在致命性錯誤不是由自己產生的前提下。

　　最後，為了避免產生無法挽回的影響，人們要適當克制自己的情緒。

　　在意識到自己可能存在錯誤個人化或錯誤他人化的問題，且想要提前預防以免產生無法挽回的影響時，就需要克制自己產生沮喪與憤怒的情緒。

　　當我們習慣性地將錯誤歸咎到他人身上，而不可遏制地發怒時，最重要的第一步是讓自己停下來，不要立即去做可能會讓自己後悔的事。

　　陳維與古利就是在剛開始時沒控制好情緒吵個不停，直到覆水難收。其實後來兩人冷靜下來都意識到了事情的嚴重性，但傷人的話說出口就很難挽回了，即使努力挽回，彼此的友誼也出現了裂痕。

　　據調查顯示，類似憤怒這樣的情緒是屬於一種「短暫情緒」，這種情緒不是情感，它會隨著時間的推移或環境的改變而減少。所以，在意識到自己的憤怒時，最好不要立即去做可能會讓自己後悔的事，我們可以選擇離開有當事人存在的環境，多做幾次深呼吸，或是讓自己做一些與此事無關的事情。

　　第二步則是當我們處在一個複雜的環境中，盡量不要將表情掛在臉上。

　　周圍的人越多，我們失控之後做出反常行為的波及範圍就越廣，因此當我們處在人多或有重要人物在場的環境時，盡量不要將憤怒的表情掛在臉上。如果我們身處人員眾多的工作場所，或是在有長輩或上司在場的情況下，切忌隨意發洩自己的怒火，要做到盡量隱藏自己的情緒。

　　總而言之，排除錯誤個人化與錯誤他人化是防止情緒失控的關鍵，也有助於我們找到錯誤原因，從而不斷改正，不斷進步。

04

用「呼吸法」與「冥想法」
平復情緒

當我們遇到一些煩心事時，多做幾個深呼吸總是能很快讓自己冷靜下來。例如，在上台演講前，多做幾個深呼吸也能減輕內心的緊張情緒。可見，適當的深呼吸對身體十分有益。

那麼，怎麼才能更有效地進行深呼吸呢？首先我們要注意以下幾點：

第一，隨時隨地都可以進行深呼吸練習。

對於我們來說，深呼吸是不需要任何工具就可以進行的鍛鍊方式，但是一些肺部有疾病的人需要謹遵醫囑進行。

第二，用心關注自己的呼吸。

一般在劇烈運動之後我們會產生深而快的呼吸，但那並不是一種放鬆的方式，而是因為缺氧帶來的身體代償方式。真正的深呼吸應該是緩慢而均勻的，在吸氣過程中要盡可能地慢，讓肺部氣泡盡可能發揮作用，呼氣的時候也要盡可能緩慢，兩者的頻率應該保持在「吸氣五至十秒，呼氣五至八秒」左右。

我們應該將注意力放在呼吸上，不要被別的東西打擾，並在自己感覺狀態良好時改為自然呼吸，過度深呼吸也對身體不利。

第三，選擇合適的環境。

深呼吸時應該選擇空氣清新的地方，不要選汙染嚴重的地方，更不要在有人吸菸的地方深呼吸，否則對健康不利，尤其會危害大腦健康。

第四，深呼吸結束後慢慢喝杯溫水。

深呼吸後緩慢地喝下一杯溫水，會保護人的纖毛上皮組織，提高新陳代謝，也會幫助人平復情緒。另外，深呼吸可以用來緩解戒菸時菸癮發作導致的專注力下降。

此外，還有一種稱作四角呼吸法的特殊深呼吸法，能夠用來讓專注力由低谷再次轉換到巔峰。

專欄｜四角呼吸法

　　當我們的血壓心率升高，腎上腺素釋放增加，感到異常興奮時，可以採取這種呼吸方法來讓自己保持冷靜。

　　首先，在自己的周圍找到四個角落的東西，比如說大門、窗戶，或是圖畫、開關，然後就可以開始了：

　　第一步，看著左上角的角落，深深吸氣並數到四；

　　第二步，將目光轉到右上角，屏住呼吸並數到四；

　　第三步，將目光轉到右下角，緩慢呼氣並數到四；

　　第四步，將目光定在左下角，默默地對自己說，「放鬆……放鬆……微笑」。

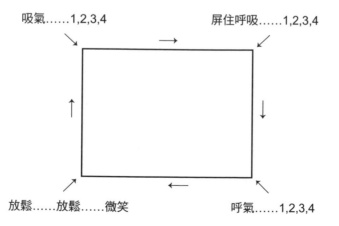

除了深呼吸之外，還有其他平復情緒的方式，例如冥想法。

冥想是一種改變意識的形式，可以讓自己「靜下來」、「慢下來」，它在我們的身體和情緒以及想法中產生一種「關機重啟」的模式，此時外界的一切刺激我們都不再關注。

首先，我們要為自己設定一個時間限制。

冥想的大致過程是「坐下—閉上眼睛—雜念情緒紛紛湧出—清醒—提升」，在這個過程中，我們經歷「歸零效應」，即大腦中的雜念漸漸消除，但是這中間需要時間限制，不然就不是冥想而是發呆，或是直接進入夢鄉。

所以，我們要選擇合適的環境，不能直接躺在床上或處在嘈雜的環境，否則容易睡著或被打斷。

其次，我們要認識到最初的雜念是正常的。

出現雜念時不要打斷自己，一些如悲傷、煩躁、寂寞、失落的情緒會如潮水般湧來，這時候千萬不要結束，這些都是在冥想過程中必須經歷的，在這些情緒離開我們之後，才是我們最為清醒的一段時間，這時我們內心最真實的想法就

會跳出來，從這個時候開始我們就開始與自己對話。

這個過程是「主動的」，我們主動釋放自己的思維來與自己對話，而不是類似發呆那樣的大腦放空毫無想法。當我們每天花費十至十五分鐘來冥想時，思緒會開始漸漸集中。

下面是一些常用的冥想法：

① 數息法。自己在心中默念呼吸的次數，在從一數到一百時默念呼吸次數，單數「呼」，雙數「吸」。

② 聽息法。這種方法非常簡單，適合在極其安靜的環境下使用，就是聽著自己的氣息，在這個過程中摒棄所有的雜念，將注意力全部都放在自己的呼吸上。

③ 控息法。控制自己的呼吸，讓它根據自己的節拍來出入，開始要慢慢地加快呼吸，然後深吸一口氣降低自己的呼吸頻率，如此循環往復。

④ 禪語入定法。在心中默念一句禪語，然後在大腦中聯想這句禪語的意境，幻想自己正在那樣的場景中端坐。

⑤ 隨息法。核心即是自然地呼吸，放鬆自己的意念，讓呼吸自然地出入，不要忽然過急過快地呼吸，要心息相依，意氣相隨。

05 /

合理釋放壓力

在日常生活中，我們有時候難免會因為工作或學習而感到壓力大。我身邊就有這樣一些人，他們或是因為考前未能及時做好複習，面對即將到來的考試心中沒把握，或是因為工作專案遇到瓶頸，未能及時解決，從而壓力大到徹夜難眠。久而久之，這些人中就會有一些人因為壓力過大無法釋放而最終崩潰。在這種高壓下，人的行為常會出現失常，這時不用說專注了，就連最基本的情緒都無法控制。

我曾看過一篇關於麻省理工學院的報導：每當麻省理工學院的論文季到來時，一些壓力過大的學生會反常地做出一些偏激的行為，有人會在圖書館、研究室當眾大哭，更有甚者會吸食違禁藥物來緩解壓力。

　　隨者越來越多的人因為壓力大而患上憂鬱症、焦慮症、躁鬱症等，許多公司、學校、醫院都設有解壓房。解壓房，顧名思義就是釋放壓力的地方。在解壓房，你可以透過破壞物品、號啕大哭或是安靜地睡一覺來緩解壓力。

　　面對無處不在的壓力，我們除了去解壓房之外，還有什麼措施能釋放壓力呢？

　　在解答這個問題之前，首先要明白壓力究竟來自哪裡。

　　所謂壓力，就是一個人覺得自己無法應對環境要求時產生的負面感受和消極信念。簡單地說，當你遇到自己解決不了的問題時，你的內心就會產生恐慌、疲憊、沮喪等一系列感受。

　　壓力源主要分為三類：

　　外在環境因素。例如強光、雜訊、低壓低氧的外部環境，有些人甚至在酷熱和寒冷時也會感覺到壓力過大。

　　內在環境因素。即是自身身體的原因，如低血糖或高血壓以及器官衰竭等緣故會導致某些人無法應對環境的要求，這個因素因人而異。

　　社會環境。這是比較關鍵的因素，例如外界的評價等。

　　壓力有適度和過量之分，壓力過大會導致精神障礙出現，而適度的壓力則會促進身體循環，加強人的活力以及隨機應變的能力。

　　大多數人在一對一應對面試官提問、上台演講或者在不熟悉的地方發表自己的意見時，都會感到莫名的緊張。即使本身實力過人，在現場也發揮不出平常水準的一半來，這種情況就是將壓力變成了負擔，究竟是什麼導致了這種情況的出現呢？我們又應該如何處理這種情況？

　　第一，從來就沒有十全十美的事，要接受突發情況。

　　我所在行業的一位領軍人物曾經分享過他初入職場時發生的糗事。在一次專案研討會上，當時的上司心血來潮，點名讓正在做筆記的他來總結這次會議。他戰戰兢兢地站在大家面前時，整個腦子一片空白，即使他記了滿滿一頁的筆記，但讓他當眾總結發言時，他還是說不出話來。

　　過了很長時間，他才結結巴巴地說了幾句話，而當他無意中注意到台下的一位同事竟然對著他露出了笑意之後，他後面還想說的話戛然而止，他以為同事是在嘲笑他，因而羞愧得再也說不出一句話了。

　　那件事讓他耿耿於懷了很久，可是直到很久以後他才知

道，原來當時對著他笑的那位同事並沒有嘲笑他的意思，那位同事只是自己突然想起了一件好笑的事情，一時沒忍住，這才笑了出來，結果卻讓他誤會了很久。

在回憶起這件事時，這位領軍人物搖著頭道：「當時我太年輕，總覺得要事事做得完美，其實這樣反而不會事事如意。」

歌德曾經說過，十全十美是上天的尺度，而要達到十全十美的這種願望，則是人類的尺度。在面對不熟悉的觀眾時，我們總想呈現出自己最完美的一面，大多時候即使我們做了大量的準備之後，上台時也難免會猶豫，若在台上遇到之前沒有預料到的情況，一切就都亂套了。

有人曾說過，不管你多有錢，準備得多充分，糟糕的事都會如期而至，名人如此，普通人也是如此。

這種情況的「不確定性」是一塊絆腳石，同時也是一塊墊腳石，運用不好自然會導致壓力過大，但是運用得當也可以提升自己的個人魅力。

第二，提高自己的承受度，減少內心的焦慮感。

大多數人在當眾演講時感到壓力的最大原因便是「預

知了自己的失敗」，比如禮儀出現失誤，不小心說錯了話，以及擔心在場的觀眾會嘲笑自己等，其實這些令人感到壓力的東西並沒有出現在現實中，而是提前出現在了我們的腦海中。我們認為這些事情在將來可能會發生，於是人體因這些幻想而做了錯誤判斷，從而產生了本沒有必要產生的壓力。

至於如何緩解這種焦慮，大部分成功人士都認可一種方法，就是「提前演練法」。

提前演練就是在還未開始活動時，首先預判自己會發生什麼樣的錯誤，從而在大腦中不斷地回想，刺激大腦中樞使其產生對場景的「抗體」，以後就會漸漸對這種情況免疫。

清朝末年有三位家喻戶曉的梨園三怪，一是孟鴻壽，二是雙闊亭，三是王益芬。

孟鴻壽患有軟骨病，身體狀況很差，歷經千辛萬苦成了丑角大師；王益芬自小就無法說話，也是歷盡磨難才成了大名鼎鼎的武花臉；而雙闊亭更是命運多舛，他因病雙目失明，在舞台上一步不穩立刻就會倒在台上，自然會引起別人的嘲笑，雙闊亭起初不敢上台，唯恐自己鬧出笑話，可是他的內心卻是無比渴望登上舞台唱戲。

在與內心壓力展開拉鋸戰的過程中，他想出了一個辦法，就是幻想自己在台上每一個位置都摔倒過，然後再想像

別人是怎麼嘲弄自己的，想的次數一多，雙闊亭竟然真的不在乎了。

最後雙闊亭的壓力漸漸減少，表演終於到了如魚得水的地步，在台上寸步不亂，終於成了名鬚生。

在一個人獨處的時候，可以多想幾遍為自己帶來巨大壓力的場景，那些壓力多會漸漸消失，不過前提是你必須做足充分準備去應對壓力場景。

第三，當壓力過於大而無法緩解時，考慮使用注意力轉移法或者傾訴法。

① 注意力轉移法。

近年來，一些稀奇古怪的解壓房深受很多人的喜愛，比如發洩屋，裡面所有的東西都可以隨便砸，還有碰碰球屋，一些人穿著彈性十足的碰碰球，互相撞來撞去，不管你使出多大的力氣，或者發出多大的尖叫，都不會有人來阻止你。

這些方式都是注意力轉移法的表現，類似活動還有旅遊、回到一個自己認為安全的地方等，甚至有一些人透過吃東西來轉移自己的注意力，避免自己過多地沉浸在壓力的情緒中無法自拔。

這些方式也是我的朋友們經常採用的方式。我的同事王

路就經常去各個地方旅遊來緩解壓力，她的足跡已經遍布了大江南北。俄羅斯教育學家烏申斯基（Konstantin Ushinsky）曾經說過：「注意力是我們心靈的唯一門戶，意識中的一切，必然都要經過它才能進來。」而我們只有關上了屬於「壓力注意」的一扇門，再打開「其他注意」的一扇門，才能把原來的壓力拒之門外。

②傾訴法。

壓力是橫在我們心口的一塊大石頭，如果不及時搬掉它，那麼對身心健康都會造成不良的影響，而傾訴法是釋放壓力比較有效的方式之一。

美國前總統林肯（Abraham Lincoln）就是一個經常用寫信釋放壓力的人，不僅如此，他還曾建議別人也使用這種方式。當時的陸軍元帥史坦頓（Edwin Stanton）有一次十分憤怒地跑到林肯面前，說他的手下有一位少將言辭激烈地指責他偏袒別人，他因無端被指責而鬱悶不已。林肯建議史坦頓寫一封尖酸刻薄的信回擊那個人，史坦頓在寫完信後原本怒氣沖天的情緒好了不少，但仍舊意難平，林肯笑著對他說：「請再寫一封吧。」

林肯所推崇的寫信排解法不僅可以用來平息情緒，更可

以用來釋放壓力。

　　首先，在我們選擇傾訴對象時，要選擇自己信任並且能夠給予一定指導意見的人，如果沒有，可以考慮用寫信給自己的方式來釋放壓力。

　　其次，我們應該選擇合適的時機，如果經常性地對別人抱怨，將朋友當成壓力垃圾桶，這種行為是不可取的。

　　釋放壓力，要從認識壓力做起，然後再採取合理的辦法，這樣無處不在的壓力才不會打倒我們。

－精力管理－
關鍵指南

● 我們要在缺陷思維最初發展時就將其控制住，才不至於在最後事態無法控制時後悔莫及。

● 我們要使身體產生的積極情緒大於消極情緒，這樣大腦才不至於混亂得不聽使喚。這期間，我們可以透過迴避法轉移注意力，用心理暗示法以及合理發洩法來應對，這樣才能使積極情緒以壓倒性的優勢戰勝消極情緒。

● 排除錯誤個人化與錯誤他人化是防止情緒失控的關鍵，也有助我們找到錯誤原因，從而不斷改正，不斷進步。

● 四角呼吸法是一種特殊的深呼吸法，可用來讓專注力由低谷再次回到巔峰。

,,

第六章

專注不是天賦而是策略

---

01 /

容許「出錯率」

　　在工作或學習上，大多數人可能都經歷過這樣的事，當自己在完成某件工作時，越想不出錯就越容易出錯，當我們覺得已經萬無一失的時候，最後還是有可能因為突發的變故而一敗塗地。

　　每當遇到這樣的情況，我們都會自責，是不是還有一些地方沒有做好？而當我們反思發現並沒有太大的問題時，反而會更加惶恐，甚至會將一切的緣由歸咎為能力不足：「一定是我不夠聰明，不然怎麼會犯這樣的錯誤？」

　　在物理學上有誤差與錯誤兩個概念。所謂誤差，就是在準確測量的前提下，所測得的數值和真實值之間的差異，它是由於人的眼睛不能估算得非常精準或是儀器並沒有測量得

十分精確而造成的，所以存在誤差是不可避免的。而錯誤是由於不遵循測量儀器的使用規則，或讀取、記錄測量結果時粗心等原因造成的。

　　錯誤可以避免，而誤差不可避免，就拿專注度來說，隨著刺激水準的降低或者增高，注意力都會出現衰退，雖然刺激水準可以人為控制，但並不是可以隨意控制的，因此專注度就不可能一直停留在「峰值」。

　　通常我們在分心的一瞬間會錯過一些資訊，有些資訊是「無用資訊」，可以自動忽略，而有些資訊卻是「有效資訊」，如果一不小心錯過了，就會對我們產生極其重大的影響，這就是帕雷托法則的一種表現形式。

　　帕雷托法則的核心是約 **20**％的部分會產生重大影響，是「關鍵少數」；約 **80**％的部分則產生較小影響，是「無用多數」。

　　正是因為這產生重大影響的 20％對我們十分關鍵，因此當處於專注力的「低谷」時碰到這 20％的「關鍵少數」，就難免會犯下不可避免的錯誤。

　　肯定有人會問，既然如此，我們難道就沒有辦法避免犯錯嗎？

　　事實上，人不可能一輩子不犯錯，錯誤確實沒有辦法避免，因為人對事情的專注度是週期變化的，它並不會一直處於「巔峰」的位置。不過，雖然我們無法避免自己出現各種錯誤，卻可以利用注意力週期曲線規律降低「出錯率」。

　　當我們可以控制自己的時間完成任務時，可以根據小的專注週期「二十分鐘、五十分鐘、一百分鐘」來適當地調整自己的任務。

　　就拿帕雷托法則來說，在專注力最強的二十分鐘，我們要做最具有挑戰性的事情，它會對我們產生重要的影響，並且在這個時間段內「出錯率」會降低，而在專注力並不是特別強的一百分鐘內，我們就可以嘗試完成一些複雜度不高，相對簡單的事情，或者也可以在這段時間裡來放鬆自己。

　　但是，大部分時候，我們都不能隨意控制自己的時間來做自己想做的事，那這個時候我們又應該如何處理呢？

　　首先，我們要讓自己的「大腦」永遠比自己的「動作」快一步。

　　這個行動定律會使我們避免不少潛在錯誤。「衝動是魔鬼」這句話指的就是沒有經過大腦思考便行動，最後產生讓自己後悔莫及的結果。其實，偶爾的刻意沉默可能會讓事情朝好的方向發展。

　　我表哥的朋友夏先生有一次去幼兒園開家長會，恰好碰到他的兒子與一個小孩打鬧，那個小孩還將他兒子推倒在地。夏先生性格比較火爆，自然忍不了別人欺負自家小孩，於是他大步上前揪住那個小孩，將其嚴厲地訓斥了一番，而恰好被那個小孩的家長看到了，那位家長也衝了出來，和夏先生爭吵起來，最後兩人大打出手。

　　結果自然是兩敗俱傷，一人斷了胳膊，一人被打掉了牙齒。而事情的起因，不過是一場誤會。兩個小孩都想要去幫老師搬椅子，於是爭先恐後地往辦公室跑，在路上不小心打鬧了起來。

　　夏先生沒有了解事情的經過就隨意地訓斥小孩，而那位家長連一句話也沒有問就直接大罵起來，甚至還動了手，兩個行動比大腦快的人聯手導致了這場鬧劇。

　　「這究竟是怎麼回事？」經常就因為沒有問這一句，而導致了一些無法挽回的後果，而原本這些錯誤都是可以避免的。只要在還不明白真相的時候讓自己先思考再行動，先弄

清原因，再採取行動，結果往往就會朝好的方向發展。

　　其次，我們煩惱的不是錯誤本身，而是錯誤之後的善後工作。

　　我之前上班的公司，有一個非常開朗活潑的同事小憲，她在工作中非常認真，一直被上司當成模範員工誇獎。小憲也很爭氣，她在公司拿過大大小小不少的獎項，別人都把她當成「從不出錯」的員工，但有一天小憲卻犯了一個錯，她在一次會議上說錯了話。

　　其實，這個錯誤說小不小，說大也並不大，公司犯過這種錯誤的員工不少，但小憲作為一個在工作上從來沒有犯過錯的人，卻一下子承受不了這個打擊。從此以後她陷入了「犯錯—自責愧疚—壓力大緊張—再次犯錯」的死胡同中，同事們發覺小憲再也不活潑了，卻沒有人敢詢問她究竟發生了什麼事，而小憲因為陷入這樣的循環且沒人可以理解，變得越來越沉默，最後整個人的狀態都變得畏畏縮縮。

　　大部分人都知道犯錯是很正常的，可是發生在自己身上時卻很難接受，有些人非常容易陷入自己為自己設下的惡性循環中，他們會不斷反問自己：「我怎麼會犯這麼低級的錯誤呢？」

　　實際上，再精確的儀器也要定時檢查維修，否則都會出大問題，何況是肉身凡人？我們要意識到，我們煩惱的並不是錯誤本身，而是犯錯誤之後的善後工作。

　　第一，將錯誤歸咎於自身的自責愧疚。

　　某些客觀因素，如專注力的週期性衰減等，這些都是我們想躲避但是無法躲避的錯誤催化劑，正如深夜做出的決定大多都非常草率，第二天早上起來通常會被我們推翻一樣，這些都屬於「物理測量上的誤差」。

　　而有一些人在犯錯之後，卻不會這麼想，他們將所有的一切都歸咎於自身問題，並沒有意識到偶爾犯錯是對過度緊繃的身心的一種調節。這是一種合理的身體調節，就像是專注力的週期共振一樣，因此有人說：「人這種動物，每成功一次，智商就下降一截，每失敗一次，智商就上升一截。」

　　我們要意識到犯錯是一個普遍規律，合理地總結自己的錯誤，智商就會上升一截，可以將其稱之為「閱歷」，這是與智商截然不同的存在。

　　第二，無法更改現有環境。

　　一個人在一塊石頭前跌倒，他就會本能地畏懼這塊石

頭，俗話說的「一朝被蛇咬，十年怕草繩」就是這個道理。這種畏懼感就是犯錯之後遺留給人的後遺症。就以小憲為例，她在一次重大會議上說錯了話，而之後在每一次的大型會議上，她都會沒有來由地一陣心悸，再次上台時大腦也會控制不住地閃現出上次會議出現失誤時的場景。

但是她沒有辦法更改現有的環境，也不能隨時走人，必須繼續待在這個環境裡，就像一些擁有社交恐懼症的人不得不與不喜歡的人打交道一樣，這無疑會加重這個症狀。

現在大多數人身上的壓力都很沉重，不可能隨心所欲地來一場說走就走的旅行。既然無法改變，就只能適應現有的環境，最需要的便是自我鼓舞，或者找到自己最興奮的點來刺激自己，再或者是找到自己害怕發生的事情，透過反覆地重現場景讓自己不再害怕。

第三，彌補錯誤需要耗費大量的精力與財力。

為了彌補犯過的錯誤，我們就不得不耗費大量的精力與財力，如果一個錯誤不需要任何形式來彌補，那我們還會害怕犯錯嗎？

肯定不會。但這是不可能的，正是因為錯誤需要耗費大量的精力與財力來彌補，我們才會「經一事長一智」，可是

在彌補錯誤的過程中，我們的一些負面情緒又會使這個過程變得更加艱難，懊悔與憤怒會壓制住大腦思考，過強的刺激會讓專注力下降，從而使彌補錯誤這個過程再次出現較大的問題。

第四，容許出錯率，前提是盡力將客觀條件調整到最佳水準。

專注力的週期性增加和衰減與人的辦事效率有關，我們可以人為控制專注力的週期，確保自己即使不能一直處在巔峰的位置，但也不一定會一直處於低谷。

俗話說「盡人事聽天命」，這裡的人事就是指個人的專注力、自制力等一系列主觀因素，而天命就是指專注力、自制力無法避免的衰減理論等客觀因素，如果沒有將人事做到完美的地步，那麼好運也鮮少會眷顧，就像墨菲定律所說的那樣，你越擔心什麼事情，它越會發生。

總而言之，我們不要像畏懼洪水猛獸一樣畏懼錯誤，「福禍相依」也是一種週期理論，錯誤並不可怕，可怕的是我們崩潰的情緒以及大量精力與財力的空耗。我們要學會控制自己的情緒，這樣才能更好地面對所犯的錯並有效糾正它。

02

注意力的週期曲線與週期共振

　　大家可能都會有這樣的感覺，有時候不需要自己過多的意識控制，精力就比較旺盛，比如說大清早起來整理一份文件可能只需要一個小時，而有時候即使自己已經付出了強大的自制力，但專注力的提升卻微乎其微，比如同一份文件，在下午或晚上處理卻往往需要花費兩個小時以上的時間。

　　在主觀因素已經控制在一個比較平穩的水準時，我們就只能從客觀因素上找尋原因，上面例子中效率差別這麼大的原因其實與注意力的週期曲線與週期共振有關，接下來我們將一一對其加以介紹。

　　露西・喬・帕拉迪諾博士（Lucy Jo Palladino）幾十年來致力於注意力研究，她曾在自己的著作《注意力曲線：打

敗分心與焦慮》（*Find Your Focus Zone: An Effective New Plan to Defeat Distraction and Overload*）中提出了倒 U 形注意力曲線的觀點，如下圖所示。

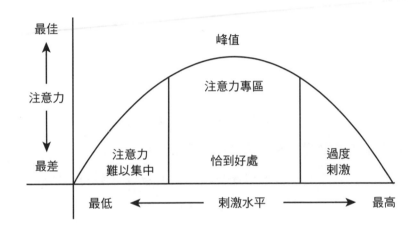

這條曲線定律最初是葉克斯博士（Robert Yerkes）和多德森博士（John Dodson）在 20 世紀初提出來的，該定律指出，注意力會隨著刺激水準的增加而增加，但是只能到達一個最高點，過了這個高峰之後，注意力就會不可避免地出現下滑，甚至在過度刺激之後直接降為零的水準。

要如何利用這個定律來幫助我們的工作和生活呢？

最關鍵的是，我們要知道什麼是刺激。心理學家認為

刺激水準取決於自身感到無聊或者興奮的程度。在這個過程中，身體的腎上腺素分泌有多有少，它的數量則取決於自身的刺激程度。

作為一個身心健康的普通人，在遇到刺激時，身體會出現一系列的自我調節，藍斑—交感—腎上腺髓質系統（LSAM）屬於壓力時身體功能代謝改變，此時交感神經調節與體液調節是相輔相成的。

如果 LSAM 系統過度啟動，我們會感覺到強大的壓力與揮之不去的緊張情緒以及害怕憤怒等情緒，而沒有適當地啟動時，我們又可能會出現迷茫和空洞的感覺。只有 LSAM 系統正確啟動，我們才能有更加理性的思維，行動才會更加敏捷，條理也會更加清晰。

微弱刺激意味著腎上腺素等體液調節以及壓力反應降低，這時候我們身體的行動力降低，反應能力變慢，注意力降低。

此時，若是想要將注意力提升到「零點以上，峰值以下」的位置，我們就要增加自己的刺激強度，比如適當給自己一點壓力，合理使用獎懲制度，或者為自己設定一個最低限度等。

　　這裡有兩個概念，即選擇性注意和持續性注意。

　　選擇性注意的基礎是快速認知。我們要迅速意識到相關的刺激源哪一個是最能激勵自己的，這樣我們才能快速思考如何選擇刺激源，從而快速提高自己的注意力。

　　持續性注意是注意力強度與範圍都在較高水準的注意類型，這時我們已經選擇了合適的刺激源，自身正處於一種集中注意的狀態中。在這個時間段內，我們的生產力與創造力飽滿，克服障礙的能力極高。通常保持持續性注意一段時間後，我們可能就會離自己設定的目標越來越近。

　　過度刺激指的是身體分泌了大量的腎上腺素，以及藍斑—交感—腎上腺髓質系統，下丘腦—垂體—腎上腺皮質激素系統過度啟動，此時大腦和身體通常處於一種非理想的過激狀態，注意力大多無法集中。同時大腦和心臟高度活躍，甚至呼吸出現障礙，以至於到達一種紊亂的程度。

　　而根據注意力週期理論，我們必須意識到以下兩點：

（1）自己已經失去了控制

這裡有個「認知超載」的概念，大腦雖是一個精密的系

統，但它也是由數億個細胞組成的，因此它和我們所用的電子產品一樣，在使用了過長時間或者承載了太多的資訊而休息不充分後，它的反應速度和效率會大幅下降。

因此，我們最好適時停下來休整一番，用來彌補速度上的不足。一旦沒有補給，我們會為此付出代價，因為認知超載的狀態是一種過度興奮的有害狀態，長此以往，身體會受到嚴重損害。

（2）我們需要選擇一種方法來使自己恢復平衡

在時間管理方面，正確評估自己的能力，為自己打分數，或者採取四象限管理法，找到最重要的事情，或者是合理地管理自己的睡眠，學會如何「長睡」或者「小憩」，都是讓身體恢復平衡的有效手段。

除此之外，我們還可以調整一下自己的生活習慣，比如說找到一項自己喜愛的運動，堅持勞逸結合法，選擇合適的音樂來放鬆自己等。

這些方法都可以讓我們恢復平衡，讓我們不至於因為過度壓力而導致注意力下降。

如前文圖中注意力曲線的縱軸所示，注意力會激增，同

時也會漸漸衰減。對此，有育兒專家曾給出過一個公式：

孩子專注學習的時間＝生理年齡＋ 1

比如一個七歲的孩子，他專注學習的平均時間為八分鐘，超出了這個時間，他的注意力就會週期性地衰減下去，當然這條公式不適用於老年人。

老人保持專注的時間＝ 80 －生理年齡

隨著年齡的增長，專注力會不可避免地下降，二十歲到四十歲是人生的「黃金年代」，這個時期我們的「總專注力」就是處於人生的巔峰時期，那麼我們再細分一下「分專注力」的週期。

週期的定義是一組事件或現象按相同的順序重複出現，則把完成這一組事件或現象的時間或空間間隔叫作週期。

分專注力的週期共振也分為一天中的專注力週期，隔天的專注力週期、長時間的專注力週期。

首先，在一天的專注力週期中，上午大於下午大於晚上，一般起床後的二至三小時為黃金時間。

我們都知道「皇帝的早餐，大臣的午餐，乞丐的晚餐」

這句話，這句話意味著早餐要豐盛，中午只要吃飽即可，晚上最好少吃一點。之所以早餐要豐盛，就是因為早餐時段是大腦最為活躍的時刻，也是人精力最充沛的時刻，如果那時沒有得到良好的營養補充，就會出現一系列的身體問題，如血糖下降、注意力不集中等。

這種倒三角的飲食建議恰好與專注力的正三角模型相對應，我們的專注力就是早晨最盛，中午次之，晚上最差。

在體能訓練中，健身專家科迪・萊弗爾（Cody Lefever）曾經提出了 GZCL 金字塔訓練方法，它將訓練分到了三個不同的區域之內，分別是一主項、二副項、三輔助。即最高的位置訓練強度最高，訓練量最低，與之相反的是最低的位置訓練強度最低，訓練量最高。

同理，在專注力的應用上，也可以採取金字塔理論。在專注力最高的位置，推進難度最高的項目，而在專注力最低的位置，完成難度最低的項目。

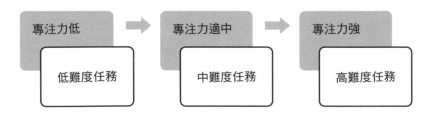

　　低難度任務可以用於打好基礎，高難度任務則可以提高與創造生產力。隨著專注力的提高，難度程度也應該進階。

　　我們的工作效率與專注力的週期有關，它成正比例增長或減退，比如我們在早上工作一個小時，它的生產力等於晚上工作三個小時。那麼我們可以分析一下，如果完成一項高難度的任務，我們是應該放在早上還是放在晚上呢？

　　答案不言而喻，自然是放在早上才最有效率。

　　其次，隔天專注力的效率與前一天的睡眠狀態以及情緒遺留有關。

　　當我們醒來的第一眼，就可以知道前一天的睡眠狀態如何。如果睡眠狀態良好，我們可以直接投入到新的一天的工作和學習中去，但若是睡眠狀態欠佳，那麼大多不會具有充足的行動力來支撐完成高難度的任務。

　　所以，睡眠是決定第二天專注力的關鍵，擁有良好的睡眠是進行新任務的前提。

　　除此之外，前一天遺留的積極情緒也是提高生產力的促進劑，負面情緒則是降低生產力的罪魁禍首。因此，控制好自己的情緒是重中之重。

　　我們需要遠離極端情緒，避免缺陷思維的產生，這會極大地阻礙自身的發展，還要停止只關注消極情緒或者積極情緒，這很容易讓我們進入思維的死胡同，更要排除錯誤個人化和錯誤他人化，避免錯領錯誤或者將錯誤推給別人，最重要的是，我們應該盡快找到情緒失控的源頭之後合理地釋放自己的壓力，不將過多的負面情緒遺留到第二天。

最後，用二十一天養成一個習慣。

　　行為心理學中的研究指出，二十一天可以養成和鞏固一個新的習慣或者新的理念態度等，這被稱為二十一天效應。因此，當想要養成一個習慣時，先堅持二十一天。如果真的堅持了下去，那麼它就會形成一道堅固的習慣防線。

　　這二十一天可分為以下階段。第一階段在一至七天左右，此階段人會非常不適應，顯得非常的刻意不自然，需要時不時地提醒自己要堅持；第二階段在七天至二十一天左右，此階段人已經漸漸適應了這個節奏，但還是需要用一定的意念控制。

　　在二十一天結束之後，還有長達兩個月的無意識鞏固時間，這階段不需要意識的控制，只要順著之前養成的習慣進

行便可。

　　總之，巧妙地利用注意力的週期曲線和週期共振，我們就能夠提高自己的工作與學習效率，最終養成一個可以終身受益的好習慣。

03 /

養成合理的作息時間

　　小源是一位普通上班族。原本她每日的作息時間十分規律，在沒有特殊情況時，基本上都會早睡早起，因此她每天的精神狀態都十分飽滿。但是最近幾個月，公司頻繁的人事變動帶給她不小的壓力，整天擔心自己會因為績效不佳而被公司辭退。因為整天都處於惶恐之中，精神狀態也出現了問題，由最開始的偶爾失眠，逐漸發展成整晚睡不著，最後甚至即使吃了安眠藥也還是不能很順利地入睡。

　　即便在睡夢中她也會夢到一些特別可怕的場景，甚至還會出現幻覺，而在醒來後經常感覺四肢無力，身體無法動彈，以至於白天精神也會恍恍惚惚。

　　小源非常苦惱，她想回到之前早睡早起睡眠充足的狀態，於是去諮詢了醫生。醫生告訴她，她這是患上了「睡眠

癱瘓症」。

　　睡眠癱瘓症是指人在睡覺時，會出現感覺意識清醒，但卻難以呼吸，無法移動身體，同時伴有各式各樣幻覺和幻聽的情況，這種情況通常發生在睡眠與清醒交替的過程中間。

　　據調查研究顯示，超過 50％ 的人經歷過睡眠癱瘓症，大約有 5％ 的人有嚴重的睡眠癱瘓症。人們在壓力過大或者異常焦慮時，容易在睡覺時出現睡眠癱瘓症。

　　當出現睡眠癱瘓症時，就應該重視自己的心理健康問題了，因為如果放任不管，隨著嚴重程度的加深，心理狀況就會越來越糟糕，有時甚至可能會達到心理障礙的程度。

　　簡單來說，心理障礙等異常心理問題與睡眠癱瘓症等睡眠障礙問題兩者之間的關係是相互滲透的。當你睡眠狀況不好時，心理容易出現異常，而當你心理健康出現問題時，睡眠品質也會受到影響。

　　因此，當出現嚴重的睡眠障礙狀況時，要首先注意自己的心理健康問題。

　　引起睡眠狀態不佳的心理原因有很多，其中有三種比較典型。

第一，憂鬱焦慮。

近年來，調查統計的數據觸目驚心，年輕人中經常出現憂鬱情緒的人占 80％ 以上，患有憂鬱症的人也遠大於人們的想像，這意味著很多的年輕人有異常心理狀況，伴隨產生的睡眠障礙情況也很嚴重。

當然，大部分人還沒有到得憂鬱症的地步，平時出現的低落狀態大部分只是一種憂鬱情緒，經過適當的調節，這種情緒也會較快消退，但是如果沒有及時調整，這種情緒就會轉化成病態，在這期間有幾條典型的症狀需要警惕：

① 時常處於渾渾噩噩的狀態。

表現為無法迅速思考，對一切都提不起任何興趣。一般人做事情的時候都會帶有一定的主動性，而這類人卻與此相反，他們會處於一種被動狀態，在無人督促時，他們就會不自覺地停下來。他們這樣做並不是為了偷懶，而是真的無法激發自己的積極性。

② 有明顯的情緒交替。

這種症狀用一句耳熟能詳的話來說就是「變臉比翻書還快」。通常這類人在上一秒還處在積極情緒之中，可以和他

人愉快地交談，可是下一秒卻突然變得情緒低落，開始對人冷漠，這種情緒交替速度比正常人來得要快，也來得沒有理由，甚至連當事人也沒有察覺到自己情緒的突然轉變，或者在察覺到之後，反而又陷入更深層次的情緒變化之中。

③ 壓力過大。

家庭、工作、學習、個人的自我覺醒等都是人壓力的源頭，一旦有壓力，人就會時時感受到這種壓迫感，就像是白天看過一部恐怖電影之後，在夜深人靜的時候就會不受控制地回想起那些恐怖的畫面。壓力就如同電影裡的恐怖情節一樣一直在人的腦海裡徘徊。特別是在睡覺前的這段時間，當我們躺在床上時，這些壓力就會鋪天蓋地般湧來。只有在睡意壓制住了壓力之後，我們才能入睡。

但是大部分情況下，過多的回想會使大腦皮層始終處於興奮狀態，讓人難以入睡，即使入睡了，身體也可能處在大腦清醒四肢麻木的狀態，這樣的睡眠品質無疑會影響第二天的精神。

④ 生理出現紊亂。

這種症狀就是皮膚狀態變差，身體極易疲勞，甚至連上

樓都會氣喘吁吁，生病的頻率變高，反應的速度降低，同時伴隨著記憶力下降，當遇到這些情況時，人們就要開始注意自己的心理狀態了。

第二，嚴重的創傷。

在心理學上，創傷一般被定義為「超出一般常人經驗的事件」，比如親人突然去世，遭受了親密之人的背叛，遭受了情緒虐待或者暴力，或是遇到戰爭以及恐怖襲擊事件等。這些突然發生、無法抵抗的事件，打破了身體原有的平衡，需要身體採取措施來擺脫它們，這就像是要拉回一輛脫軌的火車一樣，要花費很大的力氣。

但是，如果遭受創傷打擊的強度遠大於身體的調節能力，身體就會紊亂。而我們的心裡會感到非常無助，甚至會封閉自己，讓自己遠離人群，厭世情緒也會越來越嚴重。

一般 I 型心理創傷可以在較短的時間內癒合，癒合之後生活可以走向正軌；II 型心理創傷卻是很難自然癒合的，它的形成時間較久，形成因素各式各樣，症狀也表現得五花八門，對身心的影響較為廣泛。

這種 II 型心理創傷是一種有組織的感覺行為，它表現為

對現實生活的抗拒與逃避，比如對周圍的一切失去了新鮮感與好奇心，這兩種能力是我們加強與周圍連結的前提，如果失去了這種能力，我們與世界的連結就會越來越淡薄。

更嚴重的是，這種人的感知和認知都會出現歪曲，比較明顯的特點便是對人疑神疑鬼，例如，會經常認為有人跟蹤自己或者想謀害自己等，而出現這樣的情況與其受到的創傷有關，如果當初是因為受到親人的虐待而導致心理創傷，以後自然對一切的親密關係都會產生恐懼與迴避。

最主要的是，這種心理創傷有擴散到其他精神範疇中的傾向，比如對其他事物連帶的焦慮等。

醫學上將 II 型心理創傷分為幾種，包括複雜性創傷後壓力症候群（C-PTSD）、極度壓力障礙（DESNOS）、軀體化障礙、適應力障礙等。

第三，勞逸結合不適當。

大家可能都遇到過這種情況，當我們在做完一天或者好幾天繁重的工作之後，本來想好好地睡一覺，卻發現翻來覆去再也睡不著了。還有一種情況，當我們睡了足足一天之後，接下來的幾天都沒有睡意，而且伴隨而來的不是清醒，而是心悸或焦慮等狀況。

　　睡少了或者睡多了這兩者不均衡的睡眠狀態都是勞逸結合不當所致，偶爾的勞逸不均衡對人只會有輕微的影響，但是長期的、持續的勞逸不均衡會造成極其惡劣的影響。試想一下，睡眠一直處於「餓一頓飽一頓」的狀態，身體又怎能健康有效地工作？

04/

自制力與專注力的異同

　　我認識的項光是一家上市公司的技術骨幹。他畢業於一所全國知名的院校，在校時成績優異，德才兼備，有很好的學習習慣，工作後，這種良好的習慣也被他帶到了工作中。他非常自律，每日都能完美地完成公司的任務，回家之後他還會繼續鑽研學習新的知識。

　　不僅他的很多同事以他為楷模，就連認識他的一些好友也以項光為學習目標。然而不久前我卻從一位朋友口中得知，最近項光的內心異常煎熬。

　　起因是幾個月前的一個週末，項光在鍛鍊身體時不小心摔斷了手，這讓他沒有辦法繼續工作。上司體諒他，特地給他放了長假，讓他在家好好休息。但項光即便在家養傷也沒有忘記學習，甚至還為自己制訂了一個完美的學習計畫。

　　起初一兩天他還能興致勃勃地執行計畫，可是由於身體不方便，加上家裡不具備以前在學校和公司的學習氛圍，他不可避免地鬆懈了，那些美食和遊戲深深吸引著他，讓他無法靜下心來去執行學習計畫。

　　不過，他並沒有將這件事放在心上，因為他覺得等病假結束回到公司後，他的生活就能回歸正軌。但事實上，等他回到公司之後，他的生活和工作狀態明顯都和休假之前不同了。雖然他表面上還是認真工作，可是對工作卻已是心不在焉了。

　　他發現自己的自制力與專注力同時出現了問題，無法長時間做同一件事，而且總是控制不住地被其他事情誘惑，更嚴重的是無法管理自己的情緒，連記憶力也下降了。

　　項光感到十分挫敗，迫切地想恢復之前的專注力與自制力。

　　那麼，究竟什麼是自制力？什麼又是專注力呢？

　　自制力是大腦的一種意識，用來控制自己不被誘惑。專注力也是大腦控制的一種能力，是感知、記憶、思維等意識活動的基本條件。

　　專注力差的人更容易向誘惑屈服，這代表著他們的自制

力也是處於一種較低的水準，而自制力越差的人，注意力越容易被分散，甚至無法有效整理自己的思維，嚴重者說話也可能語無倫次。

　　自制力是有限的，當周圍的誘惑增加時，自制力會越來越薄弱，而每拒絕一次誘惑，人們就會消耗掉自己的一分自制力。

　　根據注意力曲線可知，當我們在成功管理自己的自制力時，身體的副交感神經會發揮作用，使心率降低，刺激水準降低，以達到一種恰到好處的位置，此時人的專注力也會處在「巔峰」的位置。但是當我們無法成功管理自己的自制力時，我們的交感神經就會發揮作用，它會分泌一些物質使心率加快和心肌耗氧量增加，即刺激水準增高，到達一種過度刺激的水準，過於嚴重者甚至可導致心肌缺血而誘發心律不整，專注力會跌到「低谷」。

　　由此可知，自制力與專注力其實是兩個相輔相成的系統，一方受到損害時，另一方也不會健康有效地運行，只有當兩者都處於健康的狀態下，大腦才能安全有效地運行。

　　這兩者都是可以人為控制的，自制力與專注力歸根結底還是一種意志力，它們與肌肉一樣可以透過後天的鍛鍊形成

和增強，當然它也需要一定的能量來供應，不然自制力與專注力系統大多會疲乏。

這裡的能量供應除了飲食上的營養支撐之外，還需要一系列的身體活動支撐，比如：充足的睡眠、堅持運動和有效的情緒管理。

這三點是身體對大腦有效支撐的前提。每日充足的睡眠會使大腦得到充足的休息，相當於為手機清除垃圾；堅持運動會提高新陳代謝水準，讓神經系統的反應更加敏捷；此外，有效的情緒管理更是一切的重中之重，很少有人願意和一個易怒暴躁的人有過多的溝通，而且負面情緒重的人也難以高效地行使自制力與專注力，這幾點將在後面具體介紹。

我們繼續回到項光的問題上來，項光發現自己陷入了「計畫失敗—沮喪懊悔—不知如何下手—繼續硬著頭皮工作—繼續失敗」的惡性循環中，而他原本引以為傲的自制力與專注力漸漸地喪失，既然項光之前是那樣優秀的一個人，那為何他現在想要回到正軌上就這麼難呢？

這說明掌控自制力與專注力確實是非常難的事情，要是真的那麼簡單，那麼成功的人也就不會那麼少了。另外，項

光的自制力與專注度極有可能來自父母、老師從小幫他養成的習慣，他錯誤地將它當作了與生俱來的能力，從而在無法自制和無法專注時感到十分沮喪，認為是自己喪失了這些能力。

但是事實並非如此，項光認為專注力與自制力失去了，其實是習慣被破壞，正如退役的游泳健將不可能一蹴而就達到之前的水準，因為退役的運動員不可能保持之前高強度的訓練習慣。他想恢復水準，就要根據之前的訓練計畫循序漸進地來安排訓練。專注力與自制力也是如此，它需要一套完整的體系來支撐。

我們需要根據自身情況來構建一套屬於自己的體系，大致情況如下：

認識缺陷（自制力不足、專注力不足）—人為控制—自我新的認知形成—不斷強化—習慣形成—自制力增強、專注力增強

其中，人為控制是非常關鍵的環節，在意識到自己存在的缺陷之後，我們又該如何進行人為控制從而改正自己的缺陷呢？

首先，我們要進行時間管理。

時間管理的核心就是先了解有多少時間是可以自己掌控的，最好先正確評估自己的能力，知道時間在自己手上能夠發揮幾分價值。對於需要處理的任務中有重要緊急的任務、重要但不緊急的任務、緊急但不重要的任務、既不緊急也不重要的任務，可以採取「四象限管理法」，先以「I級事件」為中心。

除此之外，「列清單法」與「立即做原則」都是兩大基本的原則，前者可以讓我們的生活更有條理，後者則可以讓我們隨時隨地充滿動力。

更重要的是，我們要學會拒絕，不能讓無關緊要的事情擠占我們的時間。

其次，我們要了解自己的目標究竟是什麼。

正如前文所說，目標分為「遠大目標」與「當下目標」，我們可以先找到自己的遠大目標，再透過「逆推法」來找到自己的當下目標，當兩個目標都找到之後，我們就可以透過「立即做原則」來開始自己的第一步。

在找到目標之後，還可以採取「細分法」來細分目標的時間、地點、內容、方式，這樣才能更加了解所執行的目標

究竟是怎樣的存在，它的難度如何？它的執行週期是多久？完成它我們會得到怎樣的鍛鍊？

除此之外，我們還應該明白「多項任務」與「單項任務」之間的差別，我們究竟是應該在一段時間內只做一個計畫還是執行多項計畫？

這些都是排除專注力與自制力干擾因素的關鍵環節。

同時，一些不斷被我們拿來當擋箭牌的藉口大多是阻礙我們養成習慣的罪魁禍首，我們要減少為自己找藉口的頻率，而且需要及時回饋，勇於為自己的錯誤買單。

最後，控制好自己的情緒。

在我們訓練專注力與自制力的路上，遇到的最大問題很有可能是自己的情緒問題，一些消極情緒會讓大腦出現思維混亂，比如憤怒情緒，項光在工作上就經常沒有來由地發脾氣，這與他之前彬彬有禮的形象有了很大的反差。

這似乎讓人很難理解，不過是專注力的下降，怎麼會連情緒都出現問題了呢？實際上情緒才是最先表現出來的負面物質，當我們拚盡全力也無法做成一件事情時，情緒就會有很大的波動。有一些人可以控制住自己的情緒，整理之後再

次出發，但是有一些人就直接掉入了情緒的泥坑中，怎麼也爬不起來。不受控制的憤怒會使周圍人望而卻步，而憤怒之後自己還有可能被懊悔給淹沒，除此之外，在個人意志消沉時，我們還可能失去很多機會，這些都是消極情緒帶給人的壞處。

　　情緒其實是我們內心的反應，而受大腦控制的專注力與自制力又會被我們內心影響，因此控制情緒十分重要，我們可以先執行幾個步驟。

　　第一步，找到情緒失控的源頭。

　　第二步，理性地劃分情緒，要意識到哪些是極端的「缺陷思維」，哪些是消極情緒與積極情緒。

　　第三步，合理地釋放消極情緒，將壓力從大腦清空。

　　自制力與專注力兩者相輔相成，都是由大腦認知系統產生的，屬於可以透過後天訓練增強的能力。只要能控制住其中一項能力，另一項能力自然也是囊中之物，所以就先從掌控專注力開始，一步一步掌控我們自己的人生吧。

05

提高記憶力的五大竅門

　　我的朋友關婷是一個記憶力很差的人。她常會在出門時忘記帶家裡的鑰匙，導致門鎖換了一次又一次，不僅如此，她還總會記錯和朋友約會的時間。每次見面她不是早到很久就是要別人等她很久。除了在生活中會出現這樣的情況外，在工作中關婷也是如此。在一次重要的會議上，她因為記錯了產品單價數據，導致公司遭受了損失，因此被辭退了。

　　在被辭退之後，關婷整日鬱鬱寡歡，認為自己就是「天生記憶力差的人」，別人說的話她總是記不住，這些靠她自己根本沒有辦法避免，她認為自己這輩子也不可能做一個記憶力超群的人了。

　　但是事實真的如此嗎？一個人的記憶力真的沒辦法依靠後天努力提高嗎？答案是否定的，有研究表明記憶是可以靠

後天訓練來增強的。

我們先來看一下記憶的基本過程。

記憶是人腦對經歷過的事物識記、保持、再現和再認的過程，它是進行思維、想像、創造等高層次心智活動的基礎。刺激源通過感受器傳遞到感覺神經元，再通過突觸末梢釋放神經遞質傳遞到運動神經元，最後傳到人腦，如感覺資訊的中轉站丘腦，與學習、記憶和情緒有關的海馬體以及小腦這些部位。

記憶與突觸之間的連結強度與品質有關。記憶分為感官記憶、短期記憶與長期記憶。

感官記憶其實是人的感覺器官短暫停留的物質，實際上自己並沒有感覺到物體已經被記憶，如上班路上看到的某輛車的顏色，我們對它並沒有印象，但是它確實在我們的大腦中存在過一瞬。

短期記憶就是在很短的時間內大腦記住的內容，也就是感官記憶被注意後的進階，如在幾秒內記住的簡訊驗證碼，通常在很短的時間內這些記憶會迅速消失。

長期記憶是大腦記住且不會輕易忘掉的記憶，如自己的名字、電話號碼以及住址等。

　　這三種記憶都與神經系統的突觸有關，一般記憶力差的人神經系統都處在一種「亞健康」的狀態，在身體上通常表現為經常性地頭昏眼花、肢體疲憊、易睏嗜睡等。顯而易見，一旦神經系統無法高效地發揮它的作用，那麼處於神經系統中的突觸自然會受到牽連，而與突觸有關的記憶力肯定也會受到不小的影響。

　　因此，記憶力訓練最開始的一步便是確保神經系統健康。

　　第一，要養成合理的飲食習慣。

　　營養飲食是維持身體正常活動的必備措施，不合理的飲食習慣會使大腦的結構與功能失調，使記憶力受損，因此養成合理的飲食習慣是維護大腦健康的重中之重。

　　不良的飲食習慣會導致人經常性失眠、焦躁不安，乃至整個人會充滿悲觀情緒。可見，不良的飲食習慣對我們的神經系統實在是不利的。

　　俗話說治標先治本，我們應該先從自己的心理解決問題，將異常的心理轉化為正常的心理可能是解決一切問題的前提。

　　首先，應該摒棄以「骨感美」為首的病態審美。

　　真正的完美身材應該是在身體電解質平衡和軀體健康的

基礎上加強鍛鍊形成的。現在媒體上宣傳的骨感美具有一定的誤導性，應該以營養師的囑託為準，千萬不要過分節食，否則可能會引發神經性厭食症。

其次，意識到食欲是正常的生理反應。

有一種人，他們會在短期內吃很多食物，且吃東西時經常避開人群，但在公眾場合中他們卻又拚命克制。這些人從心底認為自己吃這麼多是羞恥的，這種觀念可能會一步一步加重自我厭棄，使心理異常程度加深。這個時候，大腦的自我控制系統可能已經崩潰，無法進行適當的調節。因此，當人們出現暴飲暴食傾向時，最好從家庭環境原因與社會原因上找問題，比如自己與朋友的關係變得惡劣，或是遭受了極大的挫折等，這些都應該是我們率先需要解決的問題。只有解決了這些深層原因，暴飲暴食問題才可能漸漸緩解。

最後，減少抽菸喝酒的頻率。

長期吸菸和喝酒會嚴重損害大腦，使智力受到影響。因為抽菸所吐出的煙霧中含有大量的一氧化碳，它與人體的血紅蛋白結合使其失去了攜氧的能力，從而導致細胞功能受損、代謝紊亂，時間一長，大腦自然無法集中注意力，甚至還會出現頭痛異常的反應。而且尼古丁是一種神經毒素，它會侵入人體的神經系統，會對大腦皮層造成損害。同樣，酒

精也會對大腦的神經系統造成嚴重影響，使腦幹的平衡能力受損，海馬體中的記憶能力減退以及細胞再生速度降低。所以，少抽菸少喝酒也是維護神經系統健康的有效措施。

第二，要養成合理的睡眠習慣。

調查研究顯示，在睡眠時大腦會進行「自我清理排毒過程」，在這個過程中血液會週期性地流出，腦脊髓液就會趁機湧入大腦中，清理白天產生的毒素，比如可清理導致阿茲海默症的 β- 類澱粉蛋白等。

因此，只有足夠的睡眠才能確保大腦清理活動的正常進行，才能在睡醒之後神清氣爽，而不是昏昏沉沉。

第三，要養成健康的運動習慣。

運動能夠增強細胞的新陳代謝，促進大腦活力，前文關於運動的好處我們已經做過介紹，這裡不再贅述。

在確保了神經系統的健康之後，我們就應該採取刻意練習的方式來提高記憶力，這裡有五大竅門。

竅門 1：找出物體之間的邏輯連結與感性連結。

通常物體與物體之間都有著連結，有些是比較緊密的邏輯連結，如動植物的界門綱目科屬種分類、語言的主謂賓、主任務下的分任務等等。還有一些則是主觀判定的感性連結，如視覺、觸覺、聽覺和嗅覺等的感官連結，例如洋甘菊護手霜想到母親、拐杖想到數字七等。

如果單純記憶文字與數字，或是待辦事項，我們很難確保不出錯，可是在找到兩者或多者之間的連結時，記憶會產生一種觸類旁通的感覺，一些備受推崇的「圖形記憶法」、「達文西記憶法」都是屬於憑藉事物連結記憶的記憶法。

所以，在我們面對需要記憶的事物時，最好先觀察它們之間的連結，可以問自己「它們的顏色形狀有何異同？」、「它們帶給我的感覺有什麼不同？」等問題來發現最佳的記憶點。除此之外，當我們想要記憶一串東西時，可以採用多管齊下的方式，比如我今天需要去超市，可以在文字下畫一個超市卡通圖形，這種用文字說明圖形或用圖形概括文字的方式，可以讓大腦相互補充記憶，這樣記憶才能更深刻。

竅門 2：不斷地鞏固回憶。

回憶是記憶的鞏固方式，在大量多次的人為回憶刺激

下，形成記憶的神經突觸連結才能更為緊密。除此之外，記憶還具有一定的週期性。比如根據前文的艾賓浩斯遺忘曲線來確定記憶的八個複習時間點：

第一個記憶週期：五分鐘

第二個記憶週期：三十分鐘

第三個記憶週期：十二小時

第四個記憶週期：一天

第五個記憶週期：兩天

第六個記憶週期：四天

第七個記憶週期：七天

第八個記憶週期：十五天

我們想要牢固地記憶，最好遵循這八個時間點複習，比如在初次接觸到一個新鮮事物時，想要把感官記憶轉化為長期記憶，我們可以選擇在五分鐘後再次回憶鞏固，之後依次為三十分鐘直到十五天，直到它成為長期記憶。

竅門 3：記憶前牢記「最後期限」，記憶中拋卻「最後期限」。

我們都知道一定的緊張感會刺激身體分泌腎上腺素等來提高反應的敏感性，但是長期的刺激又會使身體的功能下

降。在刻意記憶的過程中，比如在記憶一些為了考試或工作考核而必須記住的東西時，在記憶前我們通常需要用最後期限來警告自己必須行動起來了，只有這樣，我們才能邁出第一步。

但是在記憶的過程中，最好拋棄「我必須馬上記住，不然就糟糕了」的概念，因為在記憶的過程中出現這種想法，大腦大多會受到這些無用資訊的干擾，從而無法專注地記憶。

放鬆自己的心態，在記憶過程中一旦出現了最後期限的念頭時，最好及時地將自己的思緒拉回來，不要讓緊張的情緒壓制住自己，這樣會適得其反。

竅門 4：經常利用記憶小遊戲提高記憶能力。

在一檔關於記憶力的節目裡，有一位記憶力超群的人曾分享過一個記憶祕訣。他從小到大，在自己上下學或上下班的路途中都會刻意地鍛鍊自己的記憶力，比如記住來來往往的車牌號碼，記住路途中所有的建築物，或者是將街邊的看板倒著背下來，這種持續不斷的練習使他後來的記憶速度比周圍同齡人快很多。

在卡內基（Dale Carnegie）的著作《人性的弱點》（*How*

to Win Friends and Influence People）中曾經提到過一個叫吉姆的
人，他能記住五萬人的名字，這個從來沒有上過國中的人，
憑藉著能記住每一個曾見過面的人的名字的能力，在政治生
涯中順風順水，後來甚至被多個大學授予榮譽學位，還出任
過美國郵政部長等職務。對於我們普通人來說，可以從記住
家人的電話號碼、陌生人的名字開始，對自己的記憶能力進
行訓練。

竅門 5：好記性不如爛筆頭，透過「爛筆頭」加強記憶
能力。

單純的大腦記憶還是具有一定局限性，即使它能夠記
住 99% 的東西，但若是 1% 才是最重要的，那麼對生活也會
是致命打擊，比如藥物的名稱很容易混淆，此時就應該透過
「爛筆頭」來幫我們記住藥名，而不應該心存僥倖。

愛默生（Ralph Emerson）曾這樣忠告我們：「一個人良
好生活習慣的養成，都是由生活中一個個瑣碎的細節組成
的。」我們想要培養優秀的記憶能力，最好從確保神經系統
的健康開始，再透過記憶的竅門來刻意訓練自己，這樣才能
提高自己的記憶能力。

－精力管理－
關鍵指南

● 人不可能一輩子不犯錯，錯誤確實沒有辦法避免，因為
人對事情的專注度是週期變化的，它並不會一直處於
「巔峰」的位置。不過，雖然我們無法避免自己出現
各種錯誤，卻可以利用注意力週期曲線規律降低「出錯
率」。

● 在專注力的應用上，也可以採取金字塔理論。在專注力
最高的位置，推進難度最高的項目，而在專注力最低的
位置，完成難度最低的項目。

● 當想要養成一個習慣時，先堅持二十一天。如果真的堅
持下去，那麼它就會形成一道堅固的習慣防線。

● 自制力與專注力其實是兩個相輔相成的系統，一方受到
損害時，另一方也不會健康有效地運行，只有當兩者都
處於一種特別健康的狀態下，大腦才能安全有效地運行。

● 想要培養優秀的記憶能力，最好從確保神經系統的健康
開始，再透過記憶的竅門來刻意訓練自己，這樣才能提
高自己的記憶能力。

高寶書版集團
gobooks.com.tw

新視野 New Window 239
深度精力管理：33個超實用技巧，把精力用在刀口上，完成更多目標

作　　者	李夢媛	
責任編輯	林子鈺	
封面設計	Ｚ設計	
排　　版	賴姵均	
企　　劃	何嘉雯	

發 行 人	朱凱蕾
出　　版	英屬維京群島商高寶國際有限公司台灣分公司
	Global Group Holdings, Ltd.
地　　址	台北市內湖區洲子街88號3樓
網　　址	gobooks.com.tw
電　　話	(02) 27992788
電　　郵	readers@gobooks.com.tw（讀者服務部）
傳　　真	出版部　(02) 27990909　行銷部 (02) 27993088
郵政劃撥	19394552
戶　　名	英屬維京群島商高寶國際有限公司台灣分公司
發　　行	英屬維京群島商高寶國際有限公司台灣分公司
初版日期	2022年3月

原簡體中文版：精力管理
本作品中文繁體版通過成都天鳶文化傳播有限公司代理，經瀋陽悅風文化傳播有限公司授予英屬維
京群島商高寶國際有限公司臺灣分公司獨家發行，非經書面同意，不得以任何形式，任意重製轉載。

國家圖書館出版品預行編目（CIP）資料

深度精力管理：33個超實用技巧，把精力用在刀口上，
完成更多目標 / 李夢媛著．-- 初版．-- 臺北市：英屬維
京群島商高寶國際有限公司臺灣分公司, 2022.03
　　面；　公分．--（新視野 239）

ISBN 978-986-506-365-8（平裝）

1. 成功法　2. 自我實現

177.2　　　　　　　　　　　　　　111002106